PRAATPAAL

Voor hen die mij geïnspireerd hebben dit boek te schrijven:

Jane, Pam, Graham, Trevor, Adrian, Keith, Angela, Annemarie, Robert, Hamish, Christine.

PRAATPAAL

A Dutch Course for Beginners

ANNE SCHOENMAKERS

Formerly of
Department of Germanic Studies
University of Sheffield

Illustrated by

CHRISTOPHER HEYWOOD

Stanley Thornes (Publishers) Ltd

First published in 1981 by Stanley Thornes (Publishers) Ltd., Old Station Drive, Leckhampton, CHELTENHAM, GL53 0DN.

Reprinted 1983
Reprinted 1984
Reprinted 1986
Reprinted 1987
Reprinted 1989

British Library Cataloguing in Publication Data

Schoenmakers, Anne
    Praatpaal
    1. Dutch language - Conversation and phrase
    books.
    I. Title
    439.3'1'83421   PF121

ISBN 0-85950-474-3

Typesetting by Ambit Publications Ltd.
Printed and bound in Great Britain at The Bath Press, Avon.

INHOUDSOPGAVE

NOTES FOR THE TEACHER

There is now enough evidence to prove that a language is best learned by pure imitation, and in post-war years many direct method courses in which drills pre-dominate and from which grammar has all but vanished have been produced. In spite of this (modern) insight in language acquisition, it is my experience that the average adult learner still wants to be given rules, exercises and clear explanations. As *Praatpaal* has been written with an adult learner in mind, I have tried to combine the traditional approach with a more modern one. Much is learnt in the 'direct' way (i.e. much has to be understood from the context), but rules are given as well. Obviously it is up to the teacher to decide how much attention should be paid to grammar and how much to conversation, as each group will make its own demands. For that reason the instructions which follow are obviously meant as guidelines, not as hard and fast rules!

General pattern of a lesson

(a)   Students revise the previous lesson's conversation exercise (books closed).

(b)   Play the cassette recording of the text of the new lesson. All books remain closed at this stage. Ask questions to see how much of the text has been understood by listening only. Play the cassette recording a second time with books opened. If you do not have the cassette recording, one of the students can be asked to read out the text of the new lesson.

(c)   Words are explained (in Dutch) and written down in a **separate** exercise book.

(d)   The questions that follow the text are answered (books remain open at this stage).

(e)   The new text (or part of the text) is dictated (books closed).

(f)   Each student checks his own mistakes.

(g)   Grammar is explained and students are given grammatical exercises.

(h)   The teacher asks the questions referring to the text for a second time (books closed now!).

(i)   Students do the conversation exercise (the questions are intended to be controversial and should provoke a lively response).

As *Praatpaal* is meant to be used as a course in conversation, much emphasis should be given to all that has to be said during a lesson. All instructions should be given in Dutch. Whenever possible, a student should be asked to tell the teacher what he sees in a picture, what he thinks of the lesson, whether he finds his homework difficult or easy, and so on. Your own inventiveness is better than any language course!

Lesson 1

Start by introducing yourself. Point at yourself and say 'Ik heet . . .' Repeat this several times. Write your name on the blackboard. Then ask one of your students: 'Heet jij . . . ?' (insert your own name). His answer in English would be 'no', so the word 'nee' can be taught immediately. Then he is ready to give his name (nee, ik heet . . .). Once this routine is understood, it should be repeated over and over again for each individual student. Now you can play the first text on the cassette recording that goes with this course. After the students have listened, you ask the students (in Dutch) to open their books. Go through pp. 2 and 3. Then repeat the opening exercise. This time insert your surname. At the end of the lesson the students are asked to make a list of all the new words they have learnt in a separate exercise book. They can write the translation next to it. Learning these words can form their homework, in combination with the rule about jij/u. Lessons 1 and 2 should be covered in the first session with most groups.

Lesson 2

Pronounce the various sounds and ask all students to repeat together (this takes away shyness). If you work with the tape-recording you can play the cassette to illustrate the sounds. Ask individual students to repeat difficult sounds (g, ieu, eeu, etc.) Use the map to teach numbers, if you think the group can handle it (not suitable for students who have never learnt another language). Place names have been used to avoid the inevitable question 'what is the meaning of that word?' which would be irrelevant since you only want to concentrate on the actual sound!

Repeat the conversation exercise of Lesson 1. This time ask the students to work through the exercise in pairs. Student A asks student B: 'Heet jij John?' 'Nee, ik heet Mary'. At the end of this do a group routine: Ask Student C 'Heet *hij* Mary?' (use a girl's name to make it obvious that *he* cannot be Mary) 'Nee, hij heet John. Heet zij John? Nee, zij heet . . . etc.

Lesson 3

Bring about ten small objects into the classroom such as spoons, forks etc. (course-books are closed). Start off by saying: 'Wat is dat?' (point at the course-book). Give the answer yourself: 'Dat is een boek'. Repeat with a table, a window, and a chair. Then ask various students to answer your question. End up by working in pairs (student A asks student B: wat is dat? etc.). Open the book and go through pp. 5, 6, and 7. Don't pay too much attention to the subject and predicate explanation if the group has no experience with grammar (only experienced language learners will be interested). It is possible to give the exercise on p. 7 as homework in combination with new words. Introduce the objects you brought with you. Go through the 'Wat is dat?' routine.

Lesson 4

Follow the instructions on pp. 8, 9, 10 and 11. This chapter on spelling has been included, because most people are puzzled by the Dutch spelling system. If only conversation is taught, it could safely be skipped. Don't forget to repeat previous conversation exercises (wat is dat). As homework ask students to learn how to spell their names and addresses phonetically.

Lesson 5
Check whether every student can spell his own name phonetically. Ask 'Wat is dat?' and point at various objects. Then ask another student to spell the name of the object in question. Go through pp. 13, 14, 15 and 16 (follow instructions). The emphasis on weak forms is needed as many native speakers of Dutch don't even realise that weak forms exist. Note that in the course we are using the formal spelling of 'hij, zij, etc.'. Please remember to pronounce these words as you would in ordinary, everyday Dutch (everybody is inclined to exaggerate in speaking Dutch to foreigners. Yet when they come to Holland, they'll be puzzled by sentences such as 'watistur', because the teacher has overdone the correctness of the pronunciation). Go through p. 16 in detail. State what time you start your day, when you come home, etc. If there is time to spare give a dictation of text p.14 (see also the general instructions). Topics for homework could include words, the paradigm of ik ben etc, strong and weak forms.

Lesson 6
Repeat the last lesson's conversation exercise. Go through Lesson 6 in the same way as Lesson 5. Explain that the pronunciation of 'een' should be 'uhn' at all times, but that één is used for '1'. The vocabulary list on p. 18 can be extended if you think the group can cope with smal and breed, lang and kort, jong and oud, etc. Page 19 gives a survey of how a simple sentence can be built up. If you have a real coffee-break, put the exercise into practice! Homework could include words, paradigm etc. (cf. Lesson 5).

Lesson 7
Vary the way in which you start your lesson. You can repeat previous conversation exercise before or after having gone through the text. Go through pp. 21, 22, 23 and 24. The conversation exercise of this lesson does not come at the very end; this avoids monotony. In the grammar part of the lessons stress weak forms (as they are hardly ever written, but always said). Explain that both 'hem' and 'het' are used in Dutch for accusative (vierde naamval), 'it' in English. (See the last but one exercise of the lesson). With pure beginners avoid going into a detailed explanation of the inversion principle (see the last exercise). In order to teach students the inversion principle, go through the following routine: you say 'ik ga naar de bioscoop/vanavond . . .'. Then point at a student who has to finish that sentence. Change 'vanavond' to 'morgen' (this is a new word — so explain, if necessary, by writing dates on the blackboard). Point at another student and say: 'Ik ga naar de film. Morgen . . .', etc.

Lesson 8
Follow the usual routine. This is an easy lesson, so much time can be devoted to revision of stating one's name, pointing at objects, asking students to spell a word, and so on. If you have the cassette recording that goes with this

course, you can teach your students to sing "Lang zal ze leven" (text on p. xvi).

Lesson 9

In this lesson the demonstrative pronoun is introduced (only the singular form). Inevitably the exercise 'wat is dit/wat zijn dit' will lead eventually to the question 'why don't you have to say 'deze zijn kopjes'?' Het/dit/dat can be used with verbs in the third person singular and plural when they are used to *introduce* something new. Plurals 'deze' and 'die' are only used when a word has been suppressed (ik heb vier boeken — deze zijn nieuw maar die zijn oud — the word 'boeken' is left out in the second part of this example, because everyone knows it is 'boeken' you are talking about).

Don't spend too much time on the revision of previous conversation exercises, as this lesson's exercise will take up a lot of time. Dramatise the exercise as much as possible. You need to bring a few loaves (to make the lesson realistic) and a couple of Dutch books.

Lesson 10

Follow the usual routine. Don't forget to give a dictation of part of the text. In grammar we deal with the plural of the demonstrative pronoun (deze/die). See the remark about the usage of introductory het, dit and dat under Lesson 9. Revise the previous conversation exercise *after* doing this lesson's exercise. The final grammatical exercise is suitable as homework. If you have the cassette recording that goes with this course, you can teach your students to sing "In Holland staat een huis" (text on p. xvi).

Before going on to Lesson 11 (where the present tense of the verb is introduced) you need to revise the first ten lessons. When giving a test to adults, never give real marks, but indications such as 'good', 'fair', 'not quite right', etc. You don't want old fears from school days to interfere with the fun of your conversation classes. If you give written work, ask the group to correct one another's test papers.

Lesson 11

Follow the usual routine. From now on more grammar will be introduced so please make sure that the group can cope with (new) grammatical concepts, such as 'stam van het werkwoord'. If you believe that too much grammar will deter people from speaking Dutch, revise some of the previous conversation exercises in between doing the grammatical ones. See the short conversation at the bottom of p. 37.

Lesson 12

Follow the usual routine. In this lesson a difficult grammatical rule is given on when to add an 'e' to an adjective and when not to. Only practice will really give results, but it may be useful simply to keep repeating the grammatical exercises to establish a 'feel' for the phenomenon. Obviously the text is meant to bring about a few reactions. Pay some attention to the brief conversation exercise with 'het spijt me'. Repeat the similar exercise of the previous lesson on 'wat betekent dat woord'/'ik snap het niet'. Insist that the students use these phrases whenever they don't understand a word in the text.

Lesson 13

Only the paradigm of Ik wil, etc. is introduced in this lesson. As no other grammatical points are made in this unit, much attention can be paid to the telephone game. You can extend this exercise by making up some more clues on separate (index) cards. On each card you write an instruction as in the book. Half the members of the class receive a call; the others make one. This game should be repeated once every five or six lessons. Students should become adept at handling the most common phrases such as 'ik begrijp het niet. Wilt u dat herhalen? Hoe spel je dat?' etc. The contents of the telephone conversation given in this lesson should give rise to a discussion of the political system in Holland. At this stage it may be difficult to say much in Dutch, but students should be able to understand roughly how the system differs from the English system. You can come back to this topic later on in the course (see Lesson 20).

Lesson 14

Follow the same routine as usual. Three grammatical points are made in this lesson. The paradigm of 'kunnen' and the irregular plurals will not give many difficulties. The third topic (accusative form of the personal pronoun) will need more time. The exercise 'Loes ziet mij — ik zie Loes, etc.' is particularly difficult, so spend a lot of time on it. If necessary, write a few more sentences on the blackboard, e.g. 'ik geef een pen aan jou — . . . jij geeft een pen aan mij'. Instead of a conversation exercise, a task is given at the end of this lesson. This leaves room for revision of the telephone game. The task can be given as homework. At the beginning of the next lesson, some or all students can be asked to read out their letters.

Lesson 15

It will probably be necessary to spend more time on this unit than on previous ones. Not only will you have to spend time on the letters, written as homework, but much new grammar will also have to be understood and explained. The perfect tense has to be introduced before the past tense, as Dutch usage of the tenses differs widely from English usage. Stress the necessity of learning the 'voltooid deelwoord' of the irregular verbs by heart. Although it is possible to give general rules about vowel changes (see also Smit and Meijer's **Dutch Grammar and Reader** [Stanley Thomes (Publishers) Ltd., Cheltenham]) this tends to complicate matters enormously. The conversation exercise may seem short, but it is very useful and should give all students a chance to talk.

Lesson 16

Follow the same routine as usual (revise the previous conversation exercise very thoroughly). If you do not have the cassette recording that goes with this course, you can ask three students to read out the text, so that the various 'roles' are brought out more. The grammatical topic is difficult for pure beginners; experienced language students should not find it too hard. The introduction of 'samengestelde zinnen' tends to cause difficulties. If you think your group cannot handle it, revise Lessons 11, 12, 14 and 15 first before going on. The revision of Lesson 12 is particularly apt as the conversation exercise (of Lesson 16) deals with 'the weather'.

Lesson 17
Follow the usual routine (do not forget to give part of the text as dictation). The relative pronoun in Dutch is in fact easier than in English (with its subtle use of continuative 'which' and restrictive 'that'). In practice the relative (die, dat) is still difficult to use correctly, as it is linked to the gender of a noun. Even foreigners who speak Dutch fluently make mistakes here. The second conversation exercise (what month/date is it?) can be kept short, but the first one (are crèches good or bad for children?) should stimulate some response.

Lesson 18
Follow the usual routine. In this lesson the past tense of regular verbs is introduced. As mentioned before, the past tense is not used in Dutch to the extent it is in English. Explain once again that where English uses the past tense, Dutch uses a perfect (see Lesson 15). Repeat the conversation exercise of Lesson 15 (wat heb je gisteren gedaan). You can tell the students a story about your grandmother to stress that the past tense is used most in telling stories about the past. ('Mijn grootmoeder was een mooie vrouw. Ze ging niet naar de H.A.V.O. die was er toen nog niet', etc.). Give the paradigm of 'ik moet' and 'ik hoef niet' as homework. Pay special attention to the 'omdat' construction. Repeat the exercise and think up more examples that are relevant to the specific group you are teaching (e.g. Jim is niet op les, omdat . . ./omdat hij ziek is). The short conversation exercise deals with telling the time (cf. Lesson 5 where 'whole' and 'half' hours are taught). Make it a habit to ask your students what time it is whenever there is a good opportunity.

Lesson 19
Follow the same routine as usual. In this lesson the past tense of irregular verbs is dealt with. As the usage of the past tense in Dutch has been explained previously, it will probably be possible to pay more attention to the conversation exercise. Dramatise the situation as much as possible. Make several of the students act as policemen, then change the scenario (e.g. say that one of your students has lost his passport when on holiday in Amsterdam) and 'play' the conversation exercise again.

Lesson 20
In this lesson the passive voice (sentences with worden/werden) is explained. It will probably be necessary to spend considerable time on this

unit, because grammatical concepts such as subject and predicate must be understood before one can explain how to distinguish an active from a passive construction. Moreover the text of the newspaper article is pretty difficult and will take more time than previous texts. In this course only the present and past tense of the passive voice are explained (in practice the perfect and pluperfect will not lead to many problems as Dutch does not distinguish between 'the baby has been washed' and 'the baby is washed') both being translated by 'de baby is gewassen'. Skip the last grammatical exercise with groups of 'pure' beginners. The topic of the conversation exercise (pollution) is also meant to lead to more than a superficial discussion. As politics will probably come up during the 'discussion', it might be an idea to look at Lesson 13 again, where the names of the main political parties are given.

Lesson 21

As the previous lesson was rather difficult, the topic of this unit has been kept easy. For that reason it is advisable to do text and questions first, before revising (part of) Lesson 20. When you do the exercise with the stages of comparison, think up more examples based on your actual class-situation, e.g. ask 'Is Tim ouder dan Jim?', 'is het linkerraam 't grootst?', etc.

Lesson 22

This unit deals with a difficult grammatical phenomenon in Dutch, viz. the word 'er'. It is hardly possible to give an extensive survey of all the possible uses that can be made of this word. I have tried to give a rough classification (although it is not a very academic one) in order to simplify a discussion of the various cases. Do stress the pronunciation 'd 'r for 'er'. Revise the conversation exercise of Lesson 9 before doing the one in this unit. If you have the cassette recording that goes with this course, you can teach your students to sing "De Zilvervloot" (text on p.xvi).

Lesson 23

The grammatical subject of this lesson is 'conditional clauses'. (If you have an English and a Dutch recording of the musical song 'If I were a rich man/Als ik nou eens rijk was 'it is a good idea to use that as an unusual illustration of the conditional clause with the 'unfulfilled condition'.) In the text the word 'Praatpaal' is explained. Do not forget to spend most of the time on actually speaking Dutch, as that was the aim of the entire course. Although the grammar tends to swallow up much of your students' attention, it is of vital importance to set up conversation whenever possible. Try to correct only those sentences that have relevance to the grammatical topic that has just been discussed. The conversation exercise of this unit will demand some dramatic talent.

Lesson 24

The grammatical topic of this unit (the pluperfect) is very simple so spend a fair amount of the time available on doing the conversation exercise.

Lesson 25

In this lesson the paradigm of ik zal/ik zou is given and the imperative. In practice these two constructions are not used very frequently. The third topic (niet vs. geen) is of far greater importance. As an extra exercise, ask your students to read through the texts of Lessons 22 and 24. They should make a list of all the sentences with **niet** and those with **geen** It is my experience that a correct usage of niet/geen can only be learnt through acquiring a feel for it, not by trying to apply the rule. The conversation exercise can be made more interesting by giving out tasks to various students. They should prepare a shortish 'speech' about their pet animal, or perhaps their hatred of dogs (see also Lesson 20 about pollution).

Lesson 26

Follow the usual routine. The grammatical topic of this unit is 'diminutives'. As an extra exercise use the vocabulary list, and ask students to form the diminutive of all the nouns starting with e.g. s or b.

Lesson 27

Ask one (or several) of the students to retell the story of 'Het vrouwtje van Stavoren' (see Lesson 26). The grammatical topic of Lesson 27 is easy (various tags, hé, hè, nou, hoor).

Lesson 28

Take a fair amount of time for this (last) unit of the course. The grammatical topic is difficult (composite verbs) and not really within the reach of a beginners' course. It is particularly difficult to work out the correct word order of a verb that has been split up in combination with a negative/the word 'er' or an adverb. The Dutch equivalent of the English 'continuative' is given as well. Although the construction could safely have been introduced earlier on in the course, I felt that English speakers might be inclined to use the construction more than is actually normal in everyday Dutch. If the book is used over an academic year this lesson will be given just before the beginning of the summer holidays, so that the conversation will be happy and lively. Bring some holiday snaps of previous years, or better, ask students to bring theirs. It is probably a good idea to revise 'the weather' (Lesson 16)!

INLEIDING

Deze "Praatpaal" is opgezet als een conversatiecursus Nederlands voor volwassenen. Bij de vijfde herdruk van dit boek is tevens een cassetteband uitgebracht met daarop alle teksten en dialogen van het boek. Deze cassette is een uitstekend hulpmiddel maar kan toch niet een vervanging zijn van een bij voorkeur Nederlandstalige leraar, die de lessen geeft: de "Praatpaal" is dan ook niet geschikt voor zelfstudie. De eerste lessen, waarbij die situaties het eerst aan de orde komen die een buitenlander meteen nodig heeft, bestaan uitsluitend uit conversatie. Gaandeweg ontwikkelen ze zich tot een combinatie van tekst, grammaticale uitleg, oefeningen en gespreksopdrachten. Uitgangspunt is echter voortdurend het verkrijgen van spreekvaardigheid. De grammaticale uitleg is derhalve niet 'volledig', d.w.z. dat niet alle uitzonderingen genoemd zijn. Engelstalige leerlingen die behoefte hebben aan een afgeronde grammatica kunnen Smit en Meijer's *Dutch Grammar and Reader* (ook uitgegeven door Stanley Thornes (Publishers) Ltd., Cheltenham) gebruiken. De grammaticale uitleg die het boek bevat is in eerste instantie bedoeld voor de leraar die weinig ervaring heeft met het geven van Nederlandse les aan anderstaligen. De leerling kan vanzelfsprekend deze aanwijzingen ook raadplegen zodra zijn Nederlands daarvoor goed genoeg is.

In praktijk zal de leraar elke les moeten aanpassen aan de behoeften en de situatie van zijn leerling(en). De mogelijkheden daarvoor zijn in de cursus ingebouwd: in les 11, bijvoorbeeld, beschrijft de hoofdpersoon zijn werkdag en in de gespreksopdracht moet de leering aan de leraar (of de anderen in de klas) vertellen wat 'hij om 8 uur, om 9 uur etc. doet' (blz. 42). Ter inleiding kan de leraar eerst zelf iets over zijn dagindeling vertellen, maar bovendien later op het verhaal van de leerling ingaan. Het is van het grootste belang dat de leraar voortdurend Nederlands blijft praten, zo veel mogelijk woorden door mimiek, voorbeelden en zelfs korte verhaaltjes duidelijk maakt en niet meteen terugvalt op de woordenlijst. Toch moet hij ook proberen om de leerlingen vaak aan het woord te laten komen door bijvoorbeeld nooit iets zelf uit het boek voor te lezen, voortdurend gericht vragen te stellen ('wat zie je op het plaatje? Is dat een man of een vrouw?' etc.) en ook veel dictees te geven die de leerlingen dan moeten teruglezen.

Na het beëindigen van de cursus zullen de meeste leerlingen zich in alledaagse situaties kunnen redden en een woordenschat bezitten van ± 1500 woorden, waarbij in aanmerking genomen moet worden dat de cursus gericht is op 'spreektaal' (niks i.p.v. niets, d'r i.p.v. haar etc.) en de 'schrijftaal' in een eventuele vervolgcursus moet worden gedoceerd. Voor een vervolg kan men denken aan conversatielessen waarbij krantenartikelen en radio-opnames gebruikt worden, maar een ieder zal ongetwijfeld voor zijn specifieke situatie meer mogelijkheden kunnen bedenken.

Anne Schoenmakers

TEKST VAN DE LIEDJES
(Lessen 8, 10 en 22)

Lang zal ze leven
Lang zal ze leven
Lang zal ze leven
Lang zal ze leven in de gloria
In de gloria
In de gloria

In Holland staat een huis
In Holland staat een huis
In Holland staat een huis
In Holland staat een huis, ja ja
Van je singela, singela, hopsasa
In Holland staat een huis
In Holland staat een huis

In dat huis daar woont een heer (2x)
In dat huis daar woont een heer, ja ja
Van je singela, singela, hopsasa
In dat huis daar woont een heer (2x)

Nu kiest de heer een vrouw (enz.)

Nu kiest de vrouw een kind (enz.)

Nu kiest het kind een meid (enz.)

Nu kiest de meid een knecht (enz.)

Nu kiest de knecht een hond (enz.)

Nu kiest de hond een kat (enz.)

Nu kiest de kat een muis (enz.)

Nu jagen we de muis uit 't huis (enz.)

De Zilvervloot
Heb je wel gehoord van de zilveren vloot
De zilveren vloot van Spanje
Die had er veel Spaanse matten aan boord
en appeltjes van Oranje
Piet Hein, Piet Hein, Piet Hein zijn naam is klein
Zijn daden bennen groot, zijn daden bennen groot
Die heeft gewonnen de zilvervloot,
die heeft gewonnen, gewonnen de zilvervloot

Les 1

Ik heet Anneke
Hoe heet jij?

Ik woon in Rotterdam
Waar woon jij?

PAUL, *Amsterdam*

Hoe heet hij?
Hij heet Paul
Waar woont hij?
Hij woont in Amsterdam

ANNA, *Madrid*

Hoe heet zij?
. . . .
Waar woont zij?
. . . .

Ga nu zelf verder:

MOHAMMED, *Ankara*

. . . . ?
. . . . ?
. . . .

JOHN, *Washington*

. . . . ?
. . . . ?
. . . .

1

PAUL VAN VLIET, *Amsterdam*
Meneer van Vliet

Hoe heet u?
Ik heet meneer van Vliet
Hoe heet jij?
Ik heet Paul

ANNA NERUDA, *Madrid*
Mevrouw Neruda

Hoe heet u?
. . . .
Hoe heet jij?
. . . .

Ga nu zelf verder:

MOHAMMED OZTÜRK, *Ankara*
Meneer Oztürk

. . . . ?
. . . . ?
. . . .

JOHN WILLIAMSON, *Washington*
Meneer Williamson

. . . . ?
. . . .
. . . . ?
. . . .

ONBEKENDEN: *u*
VRIENDEN: *jij*

                        BELEEFD: *u*
                        VERTROUWELIJK: *jij*

OUDE MENSEN: *u*
KINDEREN: *jij*

2

UITSPRAAK

🔊 De Nederlandse taal heeft de volgende klanken:

Klinkers:	ie i ee e oe oo o aa a uu u eu
Tweeklanken:	ei oei ooi aai ou ieu eeu uw ui
Medeklinkers:	k p b t d f v s z ch g m l n r j w
Combinaties:	sj tj sch ng

Let Op: *Spelling ≠ Uitspraak*

e = (soms) ee   a = (soms) aa   o = (soms) oo   u = (soms) uu

zie blz. 8, 9

🔊 *Zeg de leraar na:*

1. 'Zierikzee — Zie – rik – zee
2. 'Den 'Helder — Den Hel – der
3. 'Doesburg — Does – burg
4. 'Bergen op 'Zoom — Ber – gen op Zoom
5. 'Haarlem — Haar – lem
6. 'Amsterdam — Am – ster – dam
7. 'Ruurlo — Ruur – lo
8. Ter'neuzen — Ter – neu – zen
9. 'Leiden — Lei – den
10. 'Hoei ('België) — Hoei (Bel – gi = e)
11. 'Het 'Gooi — Het Gooi
12. 'Kaaimanston (Suri'name) — Kaai – man – ston (Su – ri – na – me)
13. 'Gouda — Gou – da
14. 'Nieuwpoort — Nieuw – poort
15. 'Leeuwarden — Leeu – war – den
16. 'Huwelijkszorg (Suri'name) — Hu – we – lijks – zorg
17. 'IJmuiden — IJ – mui – den
18. Waver'veen — Wa – ver – veen
19. 'Joppe — Jop – pe
20. 'Friesland — Fries – land
21. 'Scheveningen — Sche – ve – nin – gen
22. 'Groningen — Gro – nin – gen

e = [ə] = 'uh'

De spelling van Suriname is een uitzondering.

Vergelijk: Zierikzee

🔊 Nederland is een klein 'landje
met veel 'huisjes

dj *uitspraak 'tj'* [·t]
sj *uitspraak 'shj'* [ʃ]

NEDERLAND

SURINAME

ZUID AMERIKA

16
12

15
20
22

17
5
6
19
18
11
7
9
3
21
13
NEDERLAND
14

1

4

8

BELGIË

10

4

Les 3

WAT IS DAT?
VRAAG EN ANTWOORD

🖭 De leerlingen luisteren en praten. Ze lezen en schrijven ook.

Wat doen de leerlingen?   Ze *lezen en luisteren naar de*
                                              polenor

1. Wat is dat?

                1. tafel   1. Dat is een tafel

Ga nu zelf verder:

2. Wat *is dat*?

                2. boek   2. Dat *is een boek*.

3. *what is dat*?

                3. raam   3. *Dat is een raam*

4. *what is dat*?

                4. stoel   4. *Dat is een stoel*

5

5.

5. Is dat een tafel?
Nee, dat is een *raam*

6.

6. Is dat een boek?
Nee, *dat is een stoel.*

7.

7. Is dat een raam?
Nee, dat is een boek..

8.

8. Is dat een stoel?
Nee, dat is een tafel

9.

9. Luisteren de leerlingen?
Nee, ze *praten*

10.

10. Schrijven de leerlingen?
Nee, ze luisteren..

11.

11. Praten de leerlingen?
Nee, ze lezen ....

12.

12. Lezen de leerlingen?
Nee, ze schrijven ....

Let Op:

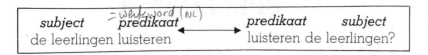

subject	predikaat = *werkwoord* (NL)	←→	predikaat	subject
de leerlingen luisteren			luisteren de leerlingen?	

Oefening:

Maak een vraag van de volgende zinnen: ^{enkele}

Voorbeeld: Zij heet Anna   Heet zij Anna?

1. Hij woont in Leiden — *Woont hij in Leiden.?*
2. Jij heet John — *Heet jij John......?*
3. Amsterdam ligt in Nederland — *Ligt Amst. in. NL..?*
4. De leerlingen schrijven — *Schrijven de leerlingen*
5. Dat is een tafel — *Is dat een tafel...?*
6. Mohammed en Anna praten Nederlands — *Praten zij Nederlands*
7. U heet mevrouw van Vliet — *Heet U mevrouw v. Vliet?*
8. De leerlingen doen niets *(uitspraak: niks)* — *Doen de leerlingen..? niets.*

Extra Uitspraak

Let Op:

ui is moeilijk. Zeg eerst **ei**. Voor **ui** is de tong hetzelfde als voor **ei** maar de lippen zijn rond: **ui**. Zeg nu: IJmuiden

ieu is moeilijk. Zeg eerst **ie**. Zeg dan **oe**. Nu **ie-oe, ie-oe:** Nieuwpoort

eeu is moeilijk. Zeg eerst **ee**. Zeg dan **oe**. Nu **ee-oe, ee-oe:** Leeuwarden

Dag mevrouw van Vliet!

Dag Anneke! Goedemorgen
(uitspraak: goeiemorge)

Les 4

SPELLING

🔲 Zeg eerst na: Haarlem, Amsterdam
                       Zierikzee, Friesland
                       Het Gooi, Joppe
                       Doesburg, Ruurlo

DOE NU HET BOEK DICHT

🔲 *Dictee (leraar):*

Haarlem, Amsterdam, Zierikzee, Friesland, Het Gooi, Joppe, Doesburg, Ruurlo

LANGE A : A of AA?

Haarlem:	lange aa	aa + 2 medeklinkers (rl)	aa
Waverveen:	lange aa	aa + 1 medeklinker (v)	*spelling:* a!

LANGE O, U, E

Nieuwpoort	lange oo	oo + 2 medeklinkers (rt)	oo
Groningen	lange oo	oo + 1 medeklinker (n)	*spelling:* o!
Ruurlo:	lange uu	uu + 2 medeklinkers (rl)	uu
Suriname	lange uu	uu + 1 medeklinker (r)	*spelling:* u!

Let Op:

aa, oo, uu, ee in de <u>laatste</u> lettergreep van een woord blijven: aa, oo, uu, ee
Bergen op <u>Zoom</u>; Waver<u>veen</u>; uitspraak

Waver<u>ee</u>n:	lange <u>ee</u>	ee + 2 medeklinkers (of <u>ee</u>) in de laatste lettergreep van een woord)	**ee**
Sch<u>e</u>veningen:	lange <u>ee</u>	ee + 1 medeklinker (v)	***spelling: e!***

Maar Let Op:

Sch<u>e</u>vening<u>e</u>n: e = 'uh'   ***Dus:*** e kan zijn lange <u>ee</u> of 'uh'

KORTE A, O, U, E

<u>A</u>msterd<u>a</u>m:	korte a	a + 2 medeklinkers (of <u>a</u> in de laatste lettergreep van een woord): a
J<u>o</u>ppe:	korte o	o + 2 medeklinkers (of <u>o</u> in de laatste lettergreep van een woord): o
Doesb<u>u</u>rg:	korte u	u + 2 medeklinkers (of <u>u</u> in de laatste lettergreep van een woord): u
D<u>e</u>n H<u>e</u>lder:	korte e	e + 2 medeklinkers (of <u>e</u> in de laatste lettergreep van een woord): e

Maar Let Op:

Den Held<u>e</u>r: e = 'uh'   ***Dus:*** e kan ook zijn   korte <u>e</u> of 'uh'

Dictee (leraar):

Amsterdam ligt in Nederland. Leeuwarden ligt in Friesland. Hoei ligt in België. Amsterdam is de hoofdstad van Nederland. Waar ligt Kaaimanston? Kaaimanston ligt in Suriname. Suriname ligt in Zuid-Amerika.

9

Vragen:

Voorbeeld: Waar ligt Zierikzee? — Zierikzee ligt in Nederland.

Waar ligt Gouda?

....

Waar ligt Kaaimanston?

....

Waar ligt Leeuwarden?

....

Waar ligt Hoei?

....

Extra Uitspraak

Let Op:

d = d	aan het begin van een woord	<u>D</u>oesburg, <u>D</u>en Helder
d = t	aan het eind van een woord	Frieslan<u>d</u> : *uitspraak 'lant'*
d = (soms) j	tussen klinkers	goede: *uitspraak 'goeje'*
d = (soms) w	tussen klinkers	oude: *uitspraak 'ouwe'*
-en	aan het eind van een woord: e(n)	Leeuwarden: *uitspraak* *'Leeuwarde'*
-ijk	aan het eind van een woord: 'uh 'k	huwelijk: *uitspraak* *'huweluk'*

Goedemiddag!
goejemiddag

Goedenavond!
goeje(n)avond

10

Let Op:

ij en *ei* = dezelfde klank, maar andere spelling: <u>IJ</u>muiden
L<u>ei</u>den

g en *ch* = dezelfde klank, maar andere spelling: <u>G</u>ouda
S<u>ch</u>eveningen

maar let op: Scheveningen: ng = [ŋ]

Dictee (leraar):

Hoe heet jij? Ik heet Anneke. Waar woon jij? Ik woon in Leiden.
Hoe heet u? Ik heet meneer van Vliet. Ik woon in Scheveningen.
Waar woont u? Ik woon in IJmuiden. Hoe heet u? Ik heet meneer Oztürk.
Ik woon in Gouda en soms in Ankara.

Let Op:

a, o, u	aan het eind van een woord: lange <u>aa</u>, lange <u>oo</u>, lange <u>u u</u> maar de spelling is a, o, u: Goud<u>a</u>, Ruurl<u>o</u>, <u>u</u> heet

Maar:

e	aan het eind van een woord: 'uh' Jopp<u>e</u> *(uitspraak 'joppuh')*
lange <u>ee</u>	aan het eind van een woord: <u>ee</u> Zierikz<u>ee</u>

Dictee (leraar):

Zierikzee ligt in Nederland. Ruurlo ligt ook in Nederland, maar Hoei ligt in
België. Waar ligt Gouda? In Nederland natuurlijk.

hallo, met Anneke!

A = aa   **H** = haa   **O** = oo   **V** = vee

B = bee   **I** = ie   **P** = pee   **W** = wee

C = cee   **J** = jee   **Q** = kuu   **X** = iks

D = dee   **K** = kaa   **R** = er   **IJ** = (lange) ij

E = ee   **L** = el   **S** = es   **Z** = zet

F = ef   **M** = em   **T** = tee

G = gee   **N** = en   **U** = uu

Spel de volgende woorden:

Voorbeeld: meneer   em — ee — en — dubbele ee — er

1. waar
2. boek
3. Joppe (hoofdletter J)
4. ligt
5. Zierikzee (hoofd...)
6. spelling
7. van
8. dictee
9. IJmuiden
10. Scheveningen

Les 5

DE FAMILIE VAN DIJK

Hoe heet hij?

. . . .

Hoe oud is hij?

Hij is 40

Hoe heet zij?

Ga nu zelf verder:

. . . .

. . . . ?

. . . .

. . . . ?

. . . . ?

. . . .

. . . . ?

. . . .

. . . . ?

. . . .

Meneer van Dijk
40 *(veertig)*

Mevrouw van Dijk
42 *(twee-en-veertig)*

Loes van Dijk
14 *(veertien)*

Willem van Dijk
9 *(negen)*

Leraar:
Hoe oud bent u?
    of
Hoe oud ben jij?

Leerling:
Ik ben . . . .

▶ ik ben   *ben ik?*
▶ jij bent   *ben jij*
▶ u bent   *bent u?*
▶ hij is   *is hij?*
▶ zij is   *is zij?*

Meneer van Dijk

 Meneer van Dijk is 40.
Hij is getrouwd en
hij woont in Utrecht.
Hij is fotograaf, maar
hij werkt niet lang.
Hij begint om tien uur en
gaat om drie uur naar huis.

Vragen

1. Hoe oud is meneer van Dijk?   . . . .
2. Is hij getrouwd?   Ja, ...
3. Waar woont hij?   . . . .
4. Werkt hij lang?   Nee, ...
5. Begint hij om negen uur?   . . . .
6. Wanneer gaat hij naar huis?   . . . .

1 = een	7 = zeven	
2 = twee	8 = acht	
3 = drie	9 = negen	
4 = vier	10 = tien	
5 = vijf	11 = elf	1.30 uur = half twee
6 = zes	12 = twaalf	2.30 uur = half drie enz.

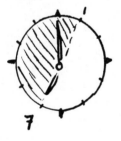

Mohammed Oztürk (7 — 1)
Mohammed Oztürk werkt
van 7 tot 1

Anna Neruda (8 — 4)
Anna Neruda. . . . .
. . . .

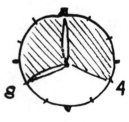

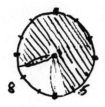

John Williamson (8.30 —
5.30)
. . . .
. . . .

Waar woont meneer van Dijk?   Hij . . . .
Waar *woont hij?*   of   Waar *woont ie?*

> *hij* = sterke vorm   hij *niet* zij
> *'ie* = zwakke vorm   waar *woont* 'ie
> *'ie* is nooit het eerste woord in een zin:
> *'ie* ~~woont in Utrecht~~ (fout)

Oefening:

Maak een vraag, maar gebruik de zwakke vorm.

Voorbeeld: hij werkt niet lang — werkt 'ie niet lang?

1. Hij is fotograaf   . . . . ?
2. Hij is getrouwd   . . . . ?
3. Hij begint om tien uur   . . . . ?
4. Hij gaat om drie uur naar huis   . . . . ?

Waar woont Anna?   Zij. . . . .
Waar *woont zij?*   of   Waar *woont ze?*

> *zij* = sterke vorm   zij *niet* hij
> *ze* = zwakke vorm   waar *woont* ze
> *ze* is vaak wel het eerste woord in een zin:
> *ze woont in Madrid* (goed)

Hoe *heet jij?*   of   Hoe *heet je?*   Ik heet. . . . .
                                                                of
                                                      'k heet. . . . .

> *jij/ik* = sterke vorm
> *je/'k* = zwakke vorm
> *je/'k* zijn vaak wel het eerste woord in een zin:
> *je werkt niet lang* (goed)
> *'k heet Willem* (goed)

Oefening:

Maak een vraag, maar gebruik de zwakke vorm.

1. Jij heet Mohammed   ....?
2. Zij woont in Gouda   ....?
3. Hij gaat naar IJmuiden   ....?
4. Jij <u>bent</u> fotograaf   ....?
   (zie ook blz. 13: ....je?)

Vraag aan de leraar:

Naam: Hoe.........................?
Woonplaats: Waar........................?
Beroep: Wat.........................?(bent u *of* doet u)
Leeftijd: Hoe oud....................?

Vraag nu hetzelfde aan de anderen in de klas!

Les 6

Ik heet Annelies van Dijk.
Ik ben getrouwd met Hans van Dijk.
Ik woon op een flat.
Ik heb een balkon, maar geen tuin.
De flat heeft een douche maar geen badkamer.
Ik heb een dochter en een zoon.
Ik werk van 9.30* uur tot 4.30* uur in een winkel.
Het werk is leuk: de winkel is een dierenwinkel.

* 9.30 uur = half tien
* 4.30 uur = half vijf

Vragen

1. Is Annelies getrouwd? . . . .
2. Met wie is Annelies getrouwd? . . . .
3. Woont Annelies in een huis? . . . .
4. Heeft ze een tuin? . . . .
5. Heeft ze een douche? . . . .
6. Heeft de flat een badkamer? . . . .
7. Wanneer werkt ze? . . . .
8. Is het werk vervelend? Nee, ...

het huis

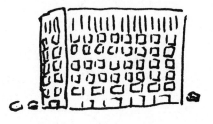

de flat

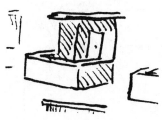

het balkon

de tuin

17

Woordenlijst

groot	*klein*
mooi	*lelijk*
leuk	*vervelend*
goed	*slecht*
warm	*koud*

Lidwoord

Bepaald Lidwoord	*De* of *Het*
Onbepaald Lidwoord	*Een*

Vragen

1. Is het ('t) huis groot?
2. Is de flat klein?
3. Is het ('t) werk leuk?
4. Is de douche warm?
5. Is het ('t) boek slecht?
6. Is een ('n) dierenwinkel vervelend?

Nee, het ('t) huis is klein
Nee, ...
Nee, ...
Nee, ...
Nee, ...
Nee, ...

▶ *Het* = sterke vorm
▶ *'t* = zwakke vorm
▶
▶ *Een* = sterke vorm
▶ *'n* = zwakke worm

Let op:

één = 1
'n = onbepaald lidwoord

Een kopje thee?

Nee, dank je

Een kopje koffie?

Ja, graag!

	een kopje thee?		ja, graag nee, dank je *of* nee, dank u
		suiker? melk? een koekje?	
	een glas melk?		ja, graag nee, dank je *of* nee, dank u
		warm? koud? warm of koud?	warm, alsjeblieft *of* warm, alstublieft
	een glas pils?		ja, graag nee, dank je *of* nee, dank u
		groot? klein? groot of klein?	klein, alsjeblieft *of* klein, alstublieft
wil je *of* wilt u	een boterham?		ja, graag nee, dank je *of* nee, dank u
		met kaas? met jam?	
wil je *of* wilt u	een kopje soep?		ja, graag nee, dank je *of* nee, dank u
		met zout? met peper?	

Vraag nu aan de anderen in de klas wat ze willen:

een glas melk?   of   wil je/wilt u een glas melk?
een kopje soep? etc.   wil je/wilt u een kopje soep? etc.

koud? warm?
peper? zout? etc.

De ander geeft antwoord met:

ja, graag   of   nee, dank je/nee, dank u

ik heb   *heb ik?*
▶ jij heb<u>t</u>   *he<u>b</u> jij?*
▶ u heb<u>t</u>   *hebt u?*
▶   *of*   of
▶ u heeft   *heeft u?*
▶ hij heeft   *heeft hij?*
▶ zij heeft   *heeft zij?*

Les 7

Loes van Dijk is 14.
Ze gaat naar de H.A.V.O.*
Haar broer Willem zit nog op
de lagere school. Hij is 9.
Loes houdt niet erg van school.
Ze vindt de lessen niet zo leuk,
maar vanavond gaat ze naar
een schoolfeest.
En van een feest houdt ze wel!

*De H.A.V.O. is een soort school

Vragen

1. Gaat Loes naar school? . . . .
2. Naar welke school gaat ze? . . . .
3. Gaat haar broer naar de H.A.V.O.? . . . .
4. Naar welke school gaat Willem? . . . .
5. Houdt Loes van school? . . . .
6. Gaat Loes vanavond naar de film? . . . .
7. Houdt Loes van een feest? . . . .

Hoe heet de broer van Loes?   De broer. . . . .
Hoe heet <u>haar</u> broer?   . . . .
Hoe heet <u>d'r</u> broer?   . . . .
Hoe heet Loes d'r broer?   . . . .

haar	=	sterke vorm
d'r	=	zwakke vorm

Hoe heet de zus van Willem?   De zus. . . . .
Hoe heet <u>zijn</u> zus?   . . . .
Hoe heet <u>z'n</u> zus?   . . . .
Hoe heet Willem z'n zus?   . . . .

zijn	=	sterke vorm
z'n	=	zwakke vorm

Hoe heet de dochter van mevrouw van Dijk? . . . . Loes

of

. . . . Loes

of

. . . . Loes

of

. . . . Loes

Hoe heet de zoon van meneer van Dijk? . . . . Willem

of

. . . . Willem

of

. . . . Willem

of

. . . . Willem

Vraag nu aan de anderen in de klas:

a) Heb je een broer?   *Antwoord:* ja, ik heb een. . . . .
    of   nee, ik heb geen. . . . . . .
Heeft u een broer? (of: <u>hebt u</u> een broer)

Heb je een zus?
    of
Heeft u een zus? (of: <u>hebt u</u> een zus)

b) Hoe heet jouw broer?   *Antwoord:* mijn broer heet . . . .
    of   *of*
Hoe heet je broer?   m'n broer heet . . . .
    of
Hoe heet uw broer?

jouw	=	sterke vorm	*mijn*	=	sterke vorm
je	=	zwakke vorm	*m'n*	=	zwakke vorm

uw heeft geen zwakke vorm!

Hoe heet je zus? etc.   *Antwoord:* mjin zus heet . . . . . etc.

HET BOEK IS DICHT TIJDENS HET GESPREK!

Vraag aan de anderen in de klas:

Ga je vanavond naar de.......? Ga je vanavond naar het ......?
Gaat u vanavond naar de......? Gaat u vanavond naar het .....?

de bioscoop?   de schouwburg?   het cafe?

de kroeg?
(studententaal)

Gesprek tussen mevrouw van Dijk (mam) en Loes   de jurk

Loes: Mam, waar is mijn jurk?
Mam: Jouw jurk? Je jurk is bij de stomerij,
        maar je spijkerbroek is schoon.
Loes: Ik wil liever een jurk aan vanavond.
        Oh mam, 't is al half zes en
        de stomerij gaat om vijf uur dicht!   de spijkerbroek
Mam: Nee, hij* is nog open. Hij gaat om zes uur dicht.
Loes: Oh gelukkig. Heb je geld, mam? Dan ga ik hem* gauw halen.
Mam: Hier heb je f. 5,00*. Maar we eten om kwart over zes!

*hij is nog open = de stomerij is nog open
*dan ga ik hem gauw halen = dan ga ik de jurk gauw halen
*f. 5,00 = vijf gulden

Loes gaat <u>haar jurk</u> halen

de jurk

Loes gaat *hem* halen

Loes gaat <u>het boek</u> naar de bibliotheek brengen

het boek

Loes gaat *het* naar de bibliotheek brengen

de-woorden krijgen *hem*
het-woorden krijgen *het*

Voorbeeld:

Gaat Paul <u>de krant</u> lezen?

de krant

Nee, Paul gaat *hem* niet lezen

Gaat Willem <u>de radio</u> halen?

de radio

Ja, hij. . . . .

Gaat meneer van Dijk <u>zijn auto</u> wassen?

de auto

Nee, hij. . . . .

Gaat Loes <u>de keuken</u> schoonmaken?

Nee, ze. . . . .

de keuken

Vragen

1. Is Loes d'r broek bij de stomerij? . . . .
. . . .

2. Is Loes d'r trui bij de stomerij? . . . .
. . . .

3. Is Loes d'r rok bij de stomerij? . . . .
. . . .

4. Hoe laat gaat de stomerij dicht volgens Loes?. . . . .
. . . .

5. Hoeveel geld geeft mevrouw van Dijk aan. . . . .
   Loes?
. . . .

6. Hoe laat eet de familie van Dijk? . . . .
. . . .

Let Op:

1 2 je hebt f 5,00	2 1 <u>hier</u> heb je f 5,00
1 2 ze gaat vanavond naar een feest	2 1 <u>vanavond</u> gaat ze naar een feest
1 2 Loes houdt niet van school	2 1 <u>van een feest</u> houdt ze wel

Als het eerste woord van een zin niet het subject is, krijgt de zin de woordvolgorde van een vraagzin!
(zie blz. 7)

Vul in:

1. 1 2
ik ga hem halen   2   1
<u>dan</u>. . . . .
2. 1 2
ze vindt de lessen niet leuk   2   1
<u>de lessen</u>. . . . .

Les 8

OMA IS JARIG

🔊 *Het is vandaag maandag.*

(Willem) M'n oma is morgen jarig.
Ze wordt 89! Ik ga een cadeautje
voor d'r kopen. Maar wat?
M'n oma is zo oud, ze heeft alles al!
Ze heeft wel 100 theekopjes, wel 200
boeken en nog veel meer foto's, allemaal
van de familie. Ik heb niet veel geld:
6 kwartjes, 3 dubbeltjes en 2 stuivers.
Dat is samen f 1,90*.
Wat kan ik daarvoor kopen?
Misschien een stukje zeep.

1 kwartje = 25 cent
1 dubbeltje = 10 cent
1 stuiver = 5 cent

*f 1,90 spreek uit: één gulden negentig

🔊 **Liedje:** Lang zal ze leven (tekst op blz. xvi)

Vragen

1. Is de opa van Willem vandaag jarig? . . . .
2. Hoe oud wordt de oma van Willem? . . . .
3. Hoeveel theekopjes heeft z'n oma? . . . .
4. Heeft Willem veel geld? . . . .
5. Is Willem rijk of arm? . . . .
6. Wat gaat Willem kopen? . . . .

De dagen van de week	Enkelvoud	Meervoud
maandag dinsdag woensdag donderdag vrijdag zaterdag zondag	kopje boek foto	kopjes boeken foto's

Vragen

1. Is het vandaag zondag?
2. Is het morgen maandag?

De meeste woorden krijgen in het meervoud -en

Woorden met als laatste letters   -er,   -el,   -em,   -en,   -erd,
-aar,   -aard en -je krijgen in het meervoud   -s

De meeste woorden uit een vreemde taal (leenwoorden) met als laatste
letter een klinker krijgen   -s

Oefening:

1. Heeft Loes 1 boek?   Nee, ...3. . . . .
2. Heeft Willem 1 broek?   Nee, ...5. . . . .
3. Heeft de flat 1 kamer?   Nee, ...4. . . . .
4. Heeft John 1 auto?   . . . . . . .2. . . . .
5. Heeft Loes 1 jurk?   . . . . . . .6. . . . .
6. Heeft Anna 1 tafel?   . . . . . . .3. . . . .
7. Heeft oma 1 koffiekopje?   . . . . . .200. . . . . . .
8. Heeft Willem 1 gulden en 1 kwartje?   . . . .3. . en 2 . . . . .

Let Op:

i)   Spreekt de leerling 1 taal?   Nee, ...4. . . . .

Taal heeft een lange a. Het meervoud is talen. De a in talen is ook lang:
$\overline{a + 1}$ *medeklinker = lang (zie blz. 8)*

OM DE A LANG TE HOUDEN HOEF JE MAAR 1 A TE SCHRIJVEN!

ii)   Heeft Paul 1 zus?   Nee, ...2. . . . .

Zus heeft een korte u. Het meervoud is zussen. De u in zussen is ook kort
$u + 2$ *medeklinkers = kort (zie. blz. 9)*

OM DE U KORT TE HOUDEN MOET JE NOG EEN MEDEKLINKER
TOEVOEGEN!

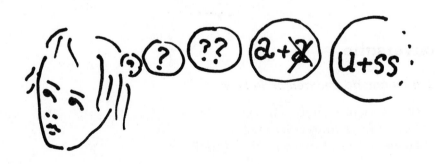

Oefening:

1. Heeft Hans 1 pen?   Nee, ... 7 ....
   (Let op: pen heeft een korte e, zie voorbeeld ii)
2. Heeft Mohammed 1 zoon?   Nee, ... 3 ....
   (Let op: zoon heeft een lange o, zie voorbeeld i)
3. Heeft de kamer 1 raam?   ....6 ....
4. Heeft een uur 1 minuut?   .... 60 ....
5. Eten ze 1 boterham?   ....2 ....
6. Heeft mevrouw van Dijk 1 rok?   ....4 ....

Je kunt al tot 12 tellen (zie blz. 14)
Van 12 tot 1.000.000:

13 = dertien	100 = honderd
14 = veertien	101 = honderdeen
15 = vijftien	102 = honderdtwee enz.
16 = zestien	200 = tweehonderd
17 = zeventien	300 = driehonderd
18 = achttien	400 = vierhonderd
19 = negentien	500 = vijfhonderd enz.
20 = twintig	1,000 = duizend
21 = eenentwintig	1,001 = duizendeen enz.
22 = tweeëntwintig enz.	2,000 = tweeduizend enz.
30 = dertig	10,000 = tienduizend
40 = veertig	20,000 = twintigduizend enz.
50 = vijftig	100,000 = honderdduizend
60 = zestig	200,000 = tweehonderdduizend enz.
70 = zeventig	1,000,000 = een miljoen!
80 = tachtig	
90 = negentig	

Conversatie

Vraag nu aan de anderen in de klas:

a) hoeveel pennen heb jij (heeft u)?
b) hoeveel boeken heb jij (heeft u)?
c) hoeveel rokken/broeken heb jij (heeft u)?

Les 9

VERVOLG IETS KOPEN

In een warenhuis:

Willem:	Waar kan ik een stukje zeep kopen?
Verkoper:	Op de tweede etage. Daar is de roltrap!
Willem:	Dank u wel.

Op de tweede etage van het warenhuis:

Willem:	Hoeveel kost dit stukje zeep?
Verkoopster:	Dat merk is erg duur, het komt uit Parijs en kost f 17,50. Dit stukje zeep is veel voordeliger. Het kost maar f 2,50.
Willem:	Het spijt me, ik heb maar f 1,90. Heeft u een stukje zeep voor die prijs?
Verkoopster:	Ja, deze zeep is goedkoper, maar hij ruikt niet zo lekker.
Willem:	Kost deze zeep minder dan f 1,90?
Verkoopster:	Ja, deze kost maar f 1,25.
Willem:	Dan neem ik dit stukje!

Vragen

1. Waar gaat Willem een stukje zeep kopen? . . . .
2. Op welke etage kan hij een stukje zeep kopen? . . . .
3. Hoeveel kost de zeep uit Parijs? . . . .
4. Ruikt de zeep van f 1,25 lekker? . . . .
5. Neemt Willem de zeep van f 17,50? . . . .

Conversatie

Leerling A is verkoper of verkoopster
Leerling B is klant
Leerling B heeft f 15,00. Hij gaat een boek kopen

BESTUDEER DE WOORDEN. DOE DAN HET BOEK DICHT EN VOER
EEN GESPREK!

Woordenlijst verkoper	*Woordenlijst klant*
kan ik u helpen?	hoeveel kost..........?
of	dat is te duur
waarmee kan ik u van dienst zijn?	dat is voordelig
dit boek kost..........	dat is goedkoop
	ik wil graag een......kopen
	de roman
	de detective
	het kinderboek
	dan neem ik het!

Leerling A is verkoper of verkoopster
Leerling B is klant
Leerling B heeft f 2,50 (= een rijksdaalder). Hij gaat brood kopen

Woordenlijst verkoper	*Woordenlijst klant*
zie hierboven	een wit brood
+	een bruin brood
uitverkocht (= dat heb ik niet meer)	een heel wit
	een half bruin
	gesneden/ongesneden

30

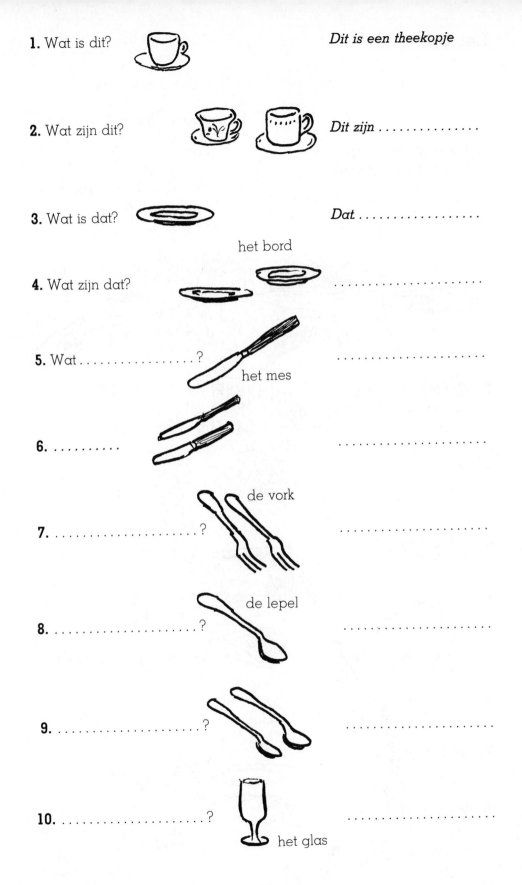

1. Wat is dit? *Dit is een theekopje*

2. Wat zijn dit? *Dit zijn* . . . .

3. Wat is dat? *Dat* . . . .

het bord

4. Wat zijn dat? . . . .

5. Wat . . . . ? . . . .

het mes

6. . . . .

de vork

7. . . . . ? . . . .

de lepel

8. . . . . ? . . . .

9. . . . . ? . . . .

10. . . . . ? . . . .

het glas

31

Let Op:

Hoeveel kost het?   f 7,50   Het kost zeven gulden vijftig
                                  NIET
                                  Het kost zeven ~~guldens~~ vijftig (fout)

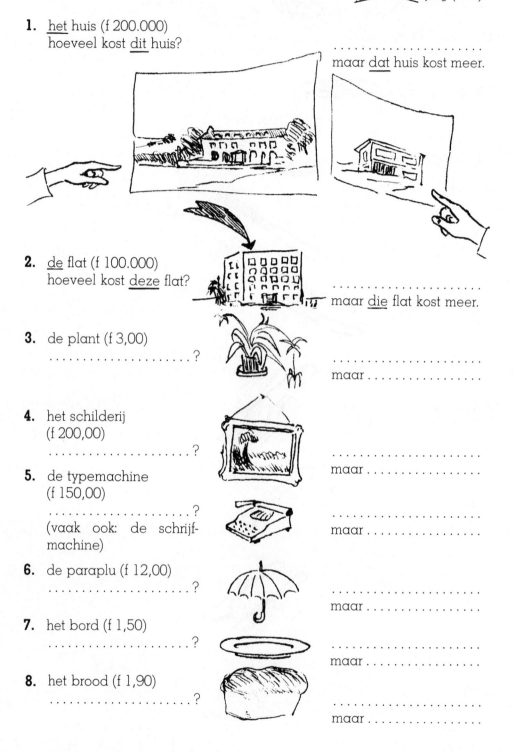

1. <u>het</u> huis (f 200.000)
hoeveel kost <u>dit</u> huis?

. . . .

maar <u>dat</u> huis kost meer.

2. <u>de</u> flat (f 100.000)
hoeveel kost <u>deze</u> flat?

. . . .

maar <u>die</u> flat kost meer.

3. de plant (f 3,00)
. . . .?

. . . .
maar . . . .

4. het schilderij
(f 200,00)
. . . .?

. . . .
maar . . . .

5. de typemachine
(f 150,00)
. . . .?
(vaak ook: de schrijf-
machine)

. . . .
maar . . . .

6. de paraplu (f 12,00)
. . . .?

. . . .
maar . . . .

7. het bord (f 1,50)
. . . .?

. . . .
maar . . . .

8. het brood (f 1,90)
. . . .?

. . . .
maar . . . .

Les 10

Onze flat is op de zevende etage.
We hebben overal buren: boven ons,
naast ons en onder ons!
Onze buren op de zesde etage
komen uit Suriname. Ze wonen hier
nog niet zo lang.
Ze hebben drie kinderen:
twee meisjes en een jongen.
Hun kinderen gaan ook naar de
H.A.V.O. en de lagere school, net als
onze kinderen.
Thuis spreken de kinderen Surinaams,
maar op school spreken ze Nederlands.
Het is moeilijk voor Surinamers om
een baan te vinden in Nederland.
Gelukkig hebben ze allebei werk:
hij werkt op een postkantoor en zij
werkt in een fabriek.

Vragen

1. Op welke etage is de flat van de familie van......................
   Dijk?
2. Hebben ze veel buren?   ....
3. Uit welk land komen de buren op de zesde......................
   etage?
4. Hoeveel kinderen hebben die buren?   ....
5. Welke taal spreken de buurkinderen thuis? ....
6. Waar werken de buren?   ....

Liedje: In Holland staat een huis (tekst op blz. xvi)

Let Op:

het boek — dit boek — dat boek
de boeken — deze boeken — die boeken

de kamer — deze kamer — die kamer
de kamers — deze kamers — die kamers

Vragen

Werken de buren?

Ja, zij werken
of
Ja, ze werken

▶ **zij** = sterke vorm
▶ **ze** = zwakke vorm

Werken jullie ook?

Ja, wij werken ook
of
Ja, we werken ook

▶ **wij** = sterke vorm
▶ **we** = zwakke vorm
▶ **jullie** heeft geen zwakke vorm

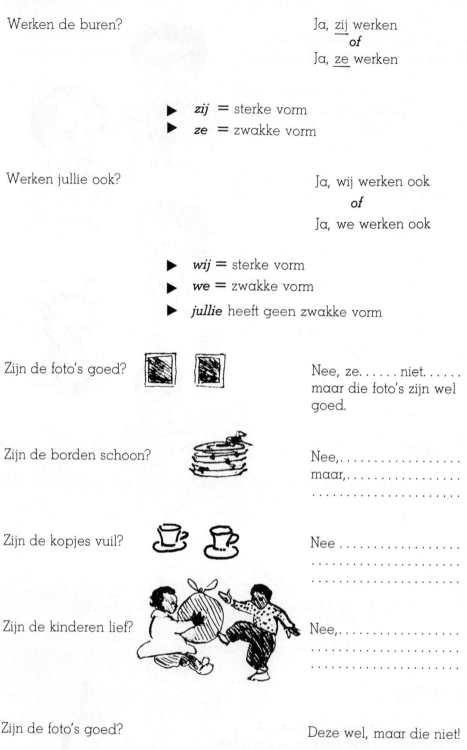

Zijn de foto's goed?

Nee, ze. . . . . . niet. . . . . .
maar die foto's zijn wel
goed.

Zijn de borden schoon?

Nee,. . . . .
maar,. . . . .
. . . .

Zijn de kopjes vuil?

Nee . . . .
. . . .
. . . .

Zijn de kinderen lief?

Nee,. . . . .
. . . .
. . . .

Zijn de foto's goed?

Deze wel, maar die niet!

Zijn de borden schoon?

. . . .

Zijn de kopjes vuil?

. . . .

Vragen

1. Waar ligt Suriname?

....
(zie les 2)

2. Hoe <u>kun je</u> naar Suriname gaan?

<u>Je kunt</u> *met de boot* gaan

3. Kun je met het vliegtuig gaan?

Ja, ...

4. Ga je (gaat u) met de trein naar huis?

....

5. Ga je (gaat u) met de bus naar huis?

....

6. Loop je (loopt u) naar huis?

Ja, ik loop.............
Nee, ik loop niet.......

Conversatie

Leerling A is buschauffeur
Leerling B is reiziger. Hij gaat van Utrecht naar Amsterdam.
Hij vraagt:
a) hoe laat vertrekt de bus   (om 2 uur)
b) hoeveel kost een enkele reis   (f 8,05 = 1 strippenkaart)
c) hoeveel kost een retourtje   (f 16,10 = 2 strippenkaarten)
d) hoe laat komt de bus aan in Amsterdam   (om 3 uur)

BESTUDEER DE WOORDEN. DOE DAN HET BOEK DICHT EN VOER EEN GESPREK!

Leerling A werkt in een station. Hij verkoopt treinkaartjes, hij is loketbeambte.
Leerling B is reiziger. Hij gaat van Rotterdam naar Parijs.
Hij vraagt:
a) hoe laat vertrekt de trein etc. (zie boven)

Leerling A bedenkt zelf de antwoorden!

Let Op:

<u>de</u> flat — <u>onze</u> flat	<u>het</u> huis — <u>ons</u> huis
<u>de</u> kinderen — <u>onze</u> kinderen	<u>het</u> kind — <u>ons</u> kind
<u>de</u> pen — <u>onze</u> pen	
<u>de</u> pennen — <u>onze</u> pennen	

Vul in <u>ons</u> of <u>onze</u>:

1. Zijn dat jullie kinderen?   Ja, ...
2. Is dit jullie flat?   Ja, ...
3. Is dat jullie boek?   Ja, ...
4. Is dit jullie krant?   Ja, ...
5. Zijn dat jullie buren?   Ja, ...

Oefening:

Is dat <u>jullie</u> auto?

Nee, dat is de auto van de buren
of
Nee, dat is <u>hun</u> auto

1. Is dat jullie tuin?   Nee, ...
2. Is dat jullie kat?   Nee, ...

3. Is dat jullie hond?   Nee, ...

Let Op:

Jullie heeft soms 'je' als zwakke vorm:

NIET: Waar hebben jullie jullie boek?
MAAR: Waar hebben jullie je boek?

<u>Ons, onze & hun hebben geen zwakke vorm!</u>

wij (we)	wij hebben (we hebben)	**ons, onze**	ons huis (onze flat)
jullie	jullie hebben	**jullie (je)**	jullie boek (je boek)
zij (ze)	zij hebben (ze hebben)	**hun**	hun krant

Les 11

(Meneer van Dijk) Ik word altijd wakker om 8 uur.
Dan neem ik een douche.
Ik eet om *8.30 uur.
Ik ga pas om 10 uur naar mijn werk.
Ik lees altijd eerst de krant en daarna breng ik de kinderen met de auto naar school.
Bij mooi weer gaan de kinderen op de fiets.
Ik kom vaak om drie uur naar huis.
Dan doe ik de boodschappen.
Mijn vrouw komt om *4.30 uur naar huis.
Wij koken samen het eten.
De kinderen kijken televisie tot 9 uur en dan gaan ze naar bed.
Mijn vrouw en ik gaan om 12 uur slapen.

*8.30 uur = half negen
*4.30 uur = half vijf

Vragen

1. Wat doet meneer van Dijk om 8 uur? . . . .
2. Wat doet meneer van Dijk om 8.30 uur? . . . .
3. Wat doet hij om 10 uur? . . . .
4. Wat doet hij om 3 uur? . . . .
5. Wat doet zijn vrouw om 4.30 uur? . . . .
6. Wat doen de kinderen tot 9 uur? . . . .
7. Hoe laat gaan meneer en mevrouw van Dijk . . . . slapen?

Wat betekent dat woord? Ik snap het niet

Begrijp je dat woord niet? Zoek het dan op in het woordenboek!

1. Ik kijk nooit televisie.   Mijn vrouw kijkt soms televisie.

De kinderen kijken altijd televisie.

Kijk jij (kijkt u) televisie?   . . . .
Kijken jullie televisie?   *Ja, wij kijken* . . . .

2. Ik eet om 8.30 uur.   Mijn vrouw eet om 8 uur.

De kinderen eten ook om 8.30 uur.

Hoe laat eet jij (eet u)?   . . . .
Hoe laat eten jullie?   *Wij eten* . . . .

het ontbijt   de lunch of het middageten   het avondeten

                    (clock image)

3. Ik kom om 3 uur naar huis.

Mijn vrouw komt om 4.30 uur naar huis.

De kinderen komen om 4 uur naar huis.

Hoe laat kom jij (komt u) naar huis?
Hoe laat komen jullie naar huis?

. . . .
Wij komen . . . .
(komen met lange o!)

4. Ik word wakker om 8 uur.

Mijn vrouw wordt wakker om kwart voor acht (7.45 uur).

De kinderen worden wakker om kwart over acht (8.15 uur).

Hoe laat word jij (wordt u) wakker?
Hoe laat worden jullie wakker?

. . . .
Wij worden wakker . . . .
. . . .

Het werkwoord: de onvoltooid tegenwoordige tijd

kijken

1ste*	persoon enkelvoud	ik kijk	kijk ik?
2de*	persoon enkelvoud	jij kij<u>kt</u>	kij<u>k</u> jij?
2de	persoon enkelvoud	u kijkt*	kij<u>kt</u> u?
3de*	persoon enkelvoud	hij kijkt	kijkt hij?
3de	persoon enkelvoud	zij kijkt	kijkt zij?
3de	persoon enkelvoud	het kijkt	kijkt het?
1ste	persoon meervoud	wij kijken	kijken wij?
2de	persoon meervoud	jullie kijken	kijken jullie?
3de	persoon meervoud	zij kijken	kijken zij?

* 1ste = eerste
* 2de = tweede
* 3de = derde
* u kijkt = 2de persoon enkelvoud EN 2de persoon meervoud

worden	
ik word	word ik?
jij wor<u>dt</u>	wor<u>d</u> jij?
u wordt	wordt u?
hij wordt	wordt hij?
zij wordt	wordt zij?
het wordt	wordt het?
wij worden	worden wij?
jullie worden	worden jullie?
zij worden	worden zij?

komen	
ik k<u>o</u>m*	k<u>o</u>m ik?
jij komt*	k<u>o</u>m jij?
u komt*	komt u?
hij k<u>o</u>mt*	k<u>o</u>mt hij?
zij k<u>o</u>mt*	k<u>o</u>mt zij?
het k<u>o</u>mt*	k<u>o</u>mt het?
wij komen	komen wij?
jullie komen	komen jullie?
zij komen	komen zij?

* in het enkelvoud hebben we een 'korte o', in het meervoud een 'lange o'. Het werkwoord komen = onregelmatig!

eten	
ik eet	eet ik?
jij eet	eet jij?
u eet	eet u?
hij eet	eet hij?
zij eet	eet zij?
het eet	eet het?
wij eten	eten wij?
jullie eten	eten jullie?
zij eten	eten zij?

Vul nu zelf in!

werken

ik.	. . . . ik?
jij.	. . . . jij?
u.	. . . . u?
hij.	. . . . hij?
zij	. . . . zij?
het	. . . . het?
wij.	. . . . wij?
jullie.	. . . . jullie?
zij	. . . . zij?

Hoe vind je de vormen van het werkwoord?
het werkwoord heeft 'een stam' + 'en'

Voorbeeld: kijk(en); word(en); kom(en); et(en)

ik = de 'stam' van het werkwoord
  let op: eten heeft een lange e. Om de e lang te houden,
    moet je nog een e toevoegen, zie blz. 9 en 17

jij = de 'stam' van het werkwoord + 't'
  let op: eten heeft als stam 'eet'. Eet heeft al een 't'.
    Dan hoef je geen 't' toe te voegen!

jij(vraag) = de 'stam' van het werkwoord

u = de 'stam' van het werkwoord + 't'

hij = de 'stam' van het werkwoord + 't'

zij (enkelvoud) = de 'stam' van het werkwoord + 't'

het = de 'stam' van het werkwoord + 't'

wij
jullie } = het hele werkwoord/de 'stam' + en
zij

Let Op:

geven wat is de stam van 'geven'? ge+e+'v'> geef
lezen wat is de stam van 'lezen'? le+e+'z'> lees
De laatste letter van de stam is nooit een 'v' of een 'z'!!!

Oefening:

Wat is de stam van deze werkwoorden:

1. luisteren   . . . .
2. schrijven   . . . .
3. wonen   . . . .
4. houden   . . . .
5. vinden   . . . .
6. kopen   . . . .

Zeg nu de rijtjes op! *Dus:* ik, jij, u etc.

Let Op:

Meneer van Dijk begint om tien uur.
De kinderen beginnen om negen uur.
Hoe laat begin jij?   . . . .

Het hele werkwoord is 'beginnen'. De klinker in beginnen is kort. Dus je
schrijft dubbele n. In 'ik begin' staat 'i' in de laatste lettergreep.
Daarom is 'i' automatisch kort (zie les 4).
Regel: geen enkel Nederlands woord eindigt op een dubbele
medeklinker (nn, kk, ll etc.).

Oefening:

Vul de juiste vorm van het werkwoord in:

1. Loes brengt de jurk naar
   de stomerij

   . . . . haar vader en
   moeder de jurk naar de stomerij?
   nee, ...

2. Loes houdt van een feest

   . . . . jij van een feest?
   Ja, ik . . . .

3. De kinderen wassen de auto

   . . . . meneer van Dijk de auto?
   Nee, ...

4. De leerlingen luisteren niet

   . . . . jij?
   Nee, ik . . . . ook niet

5. Mevrouw van Dijk vindt d'r
   werk leuk

   . . . . jij deze les leuk?
   Nee, ik. . . . . niet leuk

6. Willem koopt een stukje zeep

   . . . . zijn vrienden
   een stukje zeep?
   Nee, Willem. . . . .

7. Schrijven jullie een boek?

   Nee, we. . . . . geen boek

Opdracht:

Vertel aan de anderen in de klas wat je om 8 uur, om 9 uur etc. doet

ik word altijd laat wakker, veel te laat.....

Les 12

De familie van Dijk woont in het midden van Nederland.
Vanaf Utrecht kun je in twee uur naar Duitsland of België reizen.
Nederland is een erg klein land.
Toch heeft <u>het</u>* 14 miljoen inwoners.
Nederland heeft een nat klimaat.
<u>Het</u>* heeft korte zomers en lange winters.
Het regent het hele jaar: in het voorjaar, in de zomer, in de herfst en in de winter.

Daarom gaan veel Nederlanders in de zomer naar een warm en droog land, zoals Spanje of Italië.
Nederland is ook een duur land: er zijn niet veel goedkope hotels en restaurants.
Toch komen veel toeristen in het voorjaar naar de bloembollen kijken.
Tot de verbazing van de toeristen lopen de Nederlanders niet allemaal op houten klompen en wonen ze ook niet in molens.
De Nederlandse meisjes hebben geen klederdracht aan!
Wel eet iedereen Nederlandse kaas.....

*het = Nederland

Vragen

1. Waar woont de familie van Dijk?   . . . .
2. Hoe snel kun je naar Duitsland reizen?   . . . .
3. Is Nederland een groot land?   . . . .
4. Hoeveel inwoners heeft Nederland?   . . . .
5. Heeft Nederland een warm klimaat?   . . . .
6. <u>Wat voor</u> zomers heeft Nederland?   . . . .
7. Naar welke landen gaan veel Neder-
    landers in de zomer?   . . . .
8. Is Nederland een goedkoop land?   . . . .
9. Zijn er veel goedkope hotels?   Nee, er zijn . . . .
10. Lopen de Nederlanders allemaal op   . . . .
    klompen?   (let op de woordvolgorde)

11. Hebben alle Nederlandse meisjes   Nee, de. . . . .
klederdracht aan?

12. Eet iedereen Nederlandse kaas?   . . . .

Let Op:

groot + e   = grote (lange o + 1 medeklinker + lettergreep = enkele o)
goedkoop + e = goedkope

Oefening:

a) *Is Nederland een groot land?*   ***Nee, het is klein***
het land

1. (duur) Is Italië een . . . .
land?   Nee,. . . . .
2. (groot) Is Luxemburg
een . . . . land?   Nee,. . . . .
3. (klein) Is Rusland
een . . . . land?   Nee,. . . . .

b) *Zijn deze landen rijk?*   ***Nee, dit zijn arme landen***
het land — de landen

1. (warm) Zijn deze
landen . . . . ?   Nee,. . . . .
2. (duur) Zijn deze
landen . . . . ?   Nee,. . . . .
3. (klein) Zijn deze
landen . . . . ?   Nee,. . . . .
4. (arm) Zijn deze
landen . . . . ?   Nee,. . . . .

c) *Heeft dat Nederlandse meisje*   *Nee, dat is een modern*
klederdracht aan?   *Nederlands meisje*
het meisje — een meisje

1. (Russisch) Heeft dat . . . .   Nee,. . . . .
meisje klederdracht aan?   . . . .
2. (Spaans) Heeft dat . . . .   Nee,. . . . .
meisje klederdracht aan?   . . . .
3. (Turks) Heeft dat . . . .   Nee,. . . . .
meisje klederdracht aan?   . . . .
4. (Chinees) Heeft dat . . . .   Nee,. . . . .
meisje klederdracht aan?   . . . .
(let op de spelling van Chinees + e!)

44

Let Op:

Een zelfstandig naamwoord is een woord waar je 'de' of 'het' voor kunt zetten.
Het is een grammaticale uitdrukking.
In dit boek heten zelfstandige naamwoorden 'de-woorden' en 'het-woorden'.

---

het
dit + adjectief + 'het-woord' (enkelvoud)   adjectief + e
dat

de
deze + adjectief + 'het-woord' (meervoud)   adjectief + e
die

Maar:

een + adjectief + 'het-woord'   adjectief <u>zonder e</u>
adjectief + 'het-woord'   adjectief <u>zonder e</u>

Er zijn nog meer speciale adjectieven. Die komen later in het boek!

Bert, het is al 7 uur!
Je bent veel te laat voor het eten!

<u>Het</u> spijt me, mam!

45

Let Op:

> a) *Heeft Nederland droge zomers?*   *Nee, de zomers zijn nat*
>
> <u>de</u> zomer — <u>de</u> zomers

1. (lang) Heeft Nederland . . . . zomers? . . . .
2. (droog) Zijn de zomers . . . . ? . . . .
3. (nat) Heeft Italië . . . . zomers? . . . .
4. (koud) Heeft Afrika . . . . winters? . . . .
5. (kort) Heeft Turkije. . . . . zomers? . . . .

> b) *Eet iedereen in Nederland Franse kaas?*   *Nee, iedereen eet*
> *Nederlandse kaas.....*
>
> <u>de</u> kaas — kaas

1. (Turkse) Drinkt iedereen in Nederland   (gefilterd) . . . .
 . . . . koffie?   . . . .
2. (Chinees) Drinkt iedereen . . . . thee?   (Engels) . . . .
3. (Italiaans) Drinkt iedereen . . . . wijn?   (Frans). . . . .

Let Op:

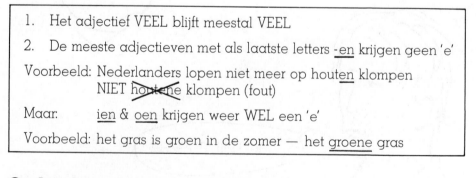

de deze die een	+ adjectief + 'de-woord' (enkelvoud en meervoud)	adjectief + e
adjectief + 'de-woord'		adjectief + e

Uitzonderingen:

> 1. Het adjectief VEEL blijft meestal VEEL
>
> 2. De meeste adjectieven met als laatste letters <u>-en</u> krijgen geen 'e'
>
> Voorbeeld: Nederlanders lopen niet meer op hou<u>ten</u> klompen
>   NIET ~~houtene~~ klompen (fout)
>
> Maar: <u>ien</u> & <u>oen</u> krijgen weer WEL een 'e'
>
> Voorbeeld: het gras is groen in de zomer — het <u>groene</u> gras

Opdracht: Vertel iets over je eigen land!
        Ik woon in . . . . etc.

Les 13

Meneer van Dijk:	Met van Dijk
Mevrouw Menkema:	Ik spreek toch met <u>fotograaf</u> van Dijk?
Meneer van Dijk:	Jazeker.
Mevrouw Menkema:	U spreekt met mevrouw Menkema.
	Ik werk op het stadhuis.
	Heeft u morgen tijd om langs te komen?
	We willen graag foto's laten maken van
	alle lijsttrekkers*.
Meneer van Dijk:	Dat is zeker voor de gemeenteraadsverkiezingen
	van volgende maand?
Mevrouw Menkema:	Inderdaad.
Meneer van Dijk:	Hoeveel lijsttrekkers zijn er dit jaar?
Mevrouw Menkema:	Dit jaar hebben we 16 verschillende politieke
	partijen.
	Maar we willen alleen foto's van de lijsttrekkers
	van de grote partijen: het C.D.A., de P.v.d.A., de
	V.V.D. en D'66.**
	Kunt u morgen om 11 uur op het stadhuis zijn?
Meneer van Dijk:	Dat komt in orde, mevrouw. Dank u wel voor uw
	telefoontje.
Mevrouw Menkema:	Tot morgen, meneer van Dijk.

*de lijsttrekker = nummer 1 op de lijst van alle politieke kandidaten van
een politieke partij

**C.D.A. = christelijke partij
  P.v.d.A. = socialistische partij
  V.V.D. = conservatief-liberale partij
  D '66 = liberale partij

Vragen

1. Met wie spreekt meneer van Dijk? . . . .
2. Waar werkt mevrouw Menkema? . . . .
3. Wil mevrouw Menkema foto's van alle politieke. . . . .
   partijen?
4. Zijn de foto's voor de verkiezingen van volgend. . . . .
   jaar?
5. Hoeveel verschillende partijen zijn er dit jaar?. . . . .
6. Hoe heten de grote politieke partijen? . . . .

47

Telefoonspel

Instructie voor de leraar: verdeel de groep in tweeën. De ene helft gebruikt bladzijde 48, de andere bladzijde 49.

Op bladzijde 48 staan telefoonnummers.
Op bladzijde 49 staan de namen van de mensen met dat telefoonnummer.
Leerling A (blz. 48) belt op.
Leerling B (blz. 49) krijgt telefoon.

Het spellen van telefoonnummers: 244356 twee; dubbel-vier; drie; vijf; zes

of

vier-en-twintig; drie-en-veertig; zes-en-vijftig

17 28 39   Dit is het nummer van boekhandel de Bruin.
Je wilt (u wilt) informatie over woordenboeken Nederlands, over de prijs en de kwaliteit ('hoe goed is dat woordenboek?')

55 66 77   Dit is het nummer van je (uw) goede vriend Pieter-Jan.
Je wilt (u wilt) hem uitnodigen voor een feest.
Het feest is volgende week vrijdag.
Het begint om negen uur.

46 86 91   Dit is het nummer van hotel De Wit.
Je wilt (u wilt) graag een kamer reserveren.
Je reist (u reist) alleen.
Je wilt (u wilt) geen bad, maar wel een douche.
Je wilt (u wilt) de kamer voor 3 nachten.
Je wilt (u wilt) geen ontbijt.

20 01 22   Dit is het nummer van de buren.
Ze heten Jansen.
Je wilt (u wilt) graag wat suiker lenen.

ik wil
jij wil/jij wilt   wil jij?
u wil/u wilt
hij wil
zij wil
wij willen
jullie willen
zij willen

Woordenlijst

u spreekt met
kan ik met..........spreken?
tot ziens
pardon, ik ben verkeerd verbonden
(= ik heb het foute telefoonnummer)

17 28 39   Je bent (u bent) verkoper in boekhandel de Bruin.
Je hebt (u heeft) veel verschillende woordenboeken
Nederlands:
van Dale (f 150,-), Koenen-Endepols (f 32,-) en Kramers (f 40,-).
Het beste woordenboek is van Dale.

55 66 77   Je bent (u bent) de moeder van Pieter-Jan.
Pieter-Jan ligt in het ziekenhuis.
Hij heeft een gebroken been.
Maar hij komt morgen naar huis.
Hij kan natuurlijk niet dansen met een gebroken been!

46 86 91   Je werkt (u werkt) in hotel De Wit.
Je hebt (u heeft) alleen kamers met een bad.
Deze kamers kosten f 50,- per nacht.
Een kamer met ontbijt kost f 55,-.

20 01 22   Je bent (u bent) meneer Gerritsen.

49

Les 14

POST

🔊 De postbode komt in Nederland erg laat.
Hij komt één keer per dag om ongeveer 12 uur.
De hele familie van Dijk heeft vandaag post.
De postbode brengt: 1 rekening voor meneer en mevrouw van Dijk,
1 ansichtkaart voor Loes
1 brief voor Willem

🔊 De rekening voor meneer en mevrouw van Dijk is van de huisbaas

Utrecht, 28 januari '89

Geachte meneer en mevrouw van Dijk,

Kunt u zo spoedig mogelijk uw huur betalen? Het totale bedrag is f 590,00.
Dit is inclusief verwarming. Kunt u het bedrag overmaken op mijn nieuwe
bankrekening, A.B.N. Hoog Catharijne in Utrecht, no. 54 56 234 897?

Hoogachtend,

Jan Hamstra

(Jan Hamstra)

🔊 De ansichtkaart voor Loesje is van haar vriendin Irene

Maastricht, 28 januari

Beste Loes,

Hoe gaat het met jou? Met mij gaat het goed. Volgende maand is het hier
carnaval. Kun je misschien komen? Carnaval is erg leuk. En in Utrecht vieren
jullie dat niet. Schrijf je gauw?

Hartelijke groeten
van Irene

Irene

Carnaval is een katholiek feest. In het zuiden van Nederland zijn de meeste mensen Katholiek. In het noorden van Nederland zijn de meeste mensen Protestant. Carnaval heeft plaats in februari. De mensen drinken veel bier en zijn verkleed*. Ten noorden van de grote rivieren (zie blz. 4) vind je niet veel carnaval.

*verkleed = andere kleren aan hebben dan normaal. Voorbeeld: je kunt verkleed gaan als boer, als clown etc.

Vragen

1. Hoe laat komt de postbode?   . . . .
2. Wat voor post brengt hij vandaag?   . . . .
3. Van wie krijgen meneer en mevrouw van Dijk
   een rekening?   . . . .
4. Waar is de vriendin van Loes?   . . . .
5. Wat schrijft meneer Hamstra onderaan de
   rekening?   . . . .
6. Wat schrijft Irene onderaan de kaart?   . . . .

Let Op:

In les 8 kun je de regels vinden voor het vormen van het meervoud.
Sommige woorden hebben een onregelmatig meervoud (of een 'ongewoon' meervoud).
De onregelmatige woorden moet je uit je hoofd leren.

1 ei (het)	maar	2 eieren		
1 kind (het)	maar	2 kinderen		
1 schip (het)	maar	2 schepen		
1 stad (de)	maar	2 steden		
1 glas (het)	maar	2 glazen		

Woorden met een 'ongewoon' meervoud kun je zelf 'maken'

1 huis (het)	maar	2 huizen		
1 dief (de)	maar	2 dieven		

De **meeste** woorden met als laatste letter een <u>-s</u> krijgen in het meervoud <u>-z</u>

De **meeste** woorden met als laatste letter een <u>-f</u> krijgen in het meervoud <u>-v</u>

Maar:

Het meervoud van <u>fotograaf</u> is <u>fotografen</u> (dat is een <u>uitzondering!</u>)

Let Op: het werkwoord 'kunnen' is onregelmatig.

ik kan		*wij kunnen*
jij kan/jij kunt	*MAAR kan jij?/kun jij?*	*jullie kunnen*
u kan/u kunt		
hij kan		
zij kan		*zij kunnen*
het kan		

De brief voor Willem is van zijn grootmoeder (= zijn oma)

Delft, 28 januari 1980

Lieve Willem,

Dank je wel voor je stukje zeep. Wanneer kom je mij eens opzoeken? Dan kan ik je zelf bedanken! Misschien kun je in de Paasvakantie bij ons komen logeren. Opa gaat dan een week weg met oom Karel en tante Joke en je weet: je oma heeft graag een man in huis! Vraag het maar aan mama. Geef mijn brief maar aan haar, dan kan ze het zelf lezen.

Opa en ik willen erg graag een foto van Loes en jou: de laatste foto van jullie is van vier jaar geleden. Papa wil misschien wel een foto maken. Kun je het aan hem vragen? Geef je ouders ook een zoen van me en zeg maar tegen ze: 'Die zoen krijgen jullie van oma.'

Veel liefs van je oma

Oma

Vragen

1. Wat schrijft oma bovenaan haar brief? . . . .
2. Met wie gaat opa een week weg? . . . .
3. Wat moet Willem aan zijn ouders geven? . . . .
4. Wat schrijft oma onderaan haar brief? . . . .

GROOTOUDERS (grootvader & grootmoeder/oma & opa)

OOM & TANTE ———————————— OUDERS (vader & moeder/papa & mama) ———————————— OOM & TANTE

| |

(zwager van vader) (schoonzus van pa)

KINDEREN VAN VADER & MOEDER (kleinkinderen van opa & oma)

 BROER & ZUS

Let Op:

ik	—	*mij (zwakke vorm: me)*
jij	—	*jou (zwakke vorm: je)*
u	—	*u (geen zwakke vorm)*
hij	—	*hem (zwakke vorm: 'm)*
zij	—	*haar (zwakke vorm: 'r)*
wij	—	*ons (geen zwakke vorm)*
jullie	—	*jullie (geen zwakke vorm)*
zij	—	*hen of ze (geen zwakke vorm)*

Vader ziet Loes en Willem — hij ziet hen/hij ziet ze **hen of ze**
Vader ziet 2 boeken — hij ziet ze (= de boeken!) **alleen ze**

Regel:

Personen krijgen hen of ze
Het meervoud van 'dingen' krijgt alleen 'ze'

53

Oefening:

Voorbeeld: (ik) ik zie Loes — Loes ziet mij
ik schrijf een brief aan Loes — Loes schrijft een brief aan mij

Doe hetzelfde met:
1. (jij) jij..........Loes — Loes.........
2. jullie
3. hij
4. wij
5. u
6. zij (enkelvoud)
7. zij (meervoud)

Weet u waar de Vrijheidslaan is?

Eerste straat links,
tweede straat rechts

Oefening:

Van wie is die appel?

(ik) die appel is van mij;
dat is mijn appel

1. Van wie is deze banaan?

(hij) ....
....

2. Van wie zijn die druiven?

(jullie) ....
....

3. Van wie is deze peer?

(jij) ....
....

4. Van wie is die
sinaasappel

(zij, enk) . . . .
. . . .

5. Van wie is dit fruit?

6. Van wie zijn deze kersen?

(wij) . . . .
. . . .

(zij, mv.) . . . .
. . . .

Let Op:

In plaats van: *mijn/jouw/uw/zijn/haar/ons, onze/jullie/hun* kun je ook zeggen *van mij/van jou/van u/van hem/van haar/van ons/van jullie/van hen*

Opdracht:

Schrijf een brief. Bedenk zelf aan wie, en welk onderwerp!

Les 15

Gesprek tussen Loes, vader en moeder:

Loes: Ik heb vanmiddag echte Turkse thee gedronken!

Vader: Waar heb je dat gedaan?

Loes: Bij Fatma, dat Turkse meisje uit mijn klas. Ze heeft al heel vaak boeken van me geleend. Ze heeft me al vaak gevraagd om thee te komen drinken. Vanmiddag ben ik daarom maar eens gegaan. Bij haar thuis drinken ze thee uit een glas en niet uit een kopje! Ik vind het een heel gezellig gezin. Maar pap, haar vader, meneer Oztürk, is werkloos. Hij is al vier maanden werkloos. En het is heel moeilijk voor ze om de huur te betalen. Mevrouw Oztürk heeft al twee weken geen vlees gekocht. En ze hebben de electriciteitsrekening voor deze maand gehad. Die kunnen ze ook niet betalen.

Vader: Maar ze krijgen toch een werkloosheids-uitkering*.

Loes: Ja, ik geloof van wel. Maar dat is niet genoeg. Heeft u geen werk voor hem?

Vader: Nee, Loes. Helaas niet. Misschien weet mama iets.

Moeder: Wat voor werk heeft hij gedaan?

Loes: Hij heeft al twee banen gehad. Hij heeft een paar jaar in een hotel gewerkt. En daarna in een supermarkt.

Moeder: We hebben een werkster* nodig in de winkel. Misschien wil hij de winkel wel komen schoonmaken?

Loes: Nee, dat wil ik niet! We kunnen best een goede baan voor hem vinden.

*uitkering = geld dat iemand elke week/maand van de staat krijgt
*werkster = altijd een vrouw. Schoonmaker = een man

Vragen

1. Wat heeft Loes vanmiddag gedaan? . . . .
2. Bij wie heeft ze thee gedronken? . . . .
3. Wat heeft Fatma van Loes geleend? . . . .
4. Drinkt het Turkse gezin thee uit een kopje? . . . .

5. Wat vertelt Loes over meneer Oztürk? ....
6. Heeft mevrouw Oztürk de laatste weken veel gekocht? ....
7. Welke rekening hebben meneer en mevrouw Oztürk gehad? ....
8. Hoe krijgt de familie Oztürk geld? ....
9. Heeft de vader van Loes werk voor meneer Oztürk? ....
10. Welke banen heeft meneer Oztürk gehad? ....
11. Weet Loes d'r moeder een baan? ....
12. Vindt Loes dat een goed idee? ....

Let Op:

1	2
Loes drinkt (nu) thee	Loes heeft vanmiddag thee gedronken
Wat voor werk doet hij (nu)	Wat voor werk heeft hij gedaan?
Hij heeft (nu) een baan als kelner	Hij heeft een baan gehad
Mevrouw Oztürk koopt (nu) vlees	Mevrouw Oztürk heeft al twee weken geen vlees gekocht
Hij werkt (nu) in een fabriek	Hij heeft in een fabriek gewerkt

Kolom 1: **Deze zinnen staan in de <u>tegenwoordige tijd</u> (de t.t.)**
De tegenwoordige tijd is een grammaticale uitdrukking.
Je gebruikt de t.t. waneer je wilt zeggen: <u>het gebeurt nu</u>
Wat doet Loes (nu)? — Ze drinkt thee.

Kolom 2: **Deze zinnen staan in de <u>voltooid tegenwoordige tijd</u> (de v.t.t.) De voltooid tegenwoordige tijd is een grammaticale uitdrukking. Je gebruikt de v.t.t. wanneer je wilt zeggen: <u>het gebeurt nu</u>**
<u>De v.t.t. is niet de enige tijd waarmee je kunt zeggen 'het is al gebeurd'. Iedere taal heeft ook een <u>verleden tijd</u>. De verleden tijd komt later in dit boek.</u>

Wat heeft Loes gisteren gedaan? — Ze heeft gisteren koffie gekocht.

Het vormen van de voltooid tegenwoordige tijd (de v.t.t.)

v.t.t. = hebben *of* zijn + het voltooid deelwoord
van een werkwoord.
Het voltooid deelwoord is een grammaticale uitdrukking.
Hoe vind je het voltooid deelwoord van een werkwoord?

Het Nederlands heeft **zwakke** en **sterke** werkwoorden.
Zwakke werkwoorden zijn makkelijk. Ze zijn regelmatig.
Ze vormen hun voltooid deelwoord zo:
ge + stam + 't'/'d'

Let Op:

Vaak zet je de letter 't' achter de stam.

Voorbeeld:
werken: eerst moet je de stam van het werkwoord vinden (zie les 11)
de stam: het hele werkwoord zonder 'en'
Dus: de stam van 'werken' is . . . . ?   *werk*
Zet nu de letters 'ge' voor de stam: . . . .   *gewerk*
Zet nu de letter 't' achter de stam: . . . .   *gewerkt*

Vaak zet je de letter 'd' achter de stam.

Voorbeeld:
lenen: eerst moet je de stam van het werkwoord vinden (zie les 11)
de stam: het hele werkwoord zonder 'en'
Dus: de stam van 'lenen' is . . . . ?   *leen*
(lenen heeft een lange e. Om de e lang te houden, moet je een 'e' toevoegen!)
Zet nu de letters 'ge' voor de stam: . . . .   *geleen*
Zet nu de letter 'd' achter de stam: . . . .   *geleend*

Wanneer zet je een 't' achter de stam en wanneer een 'd'?

Je zet een t als de laatste letter van de stam is: t, k, f, s, ch, p ('t kofschip)
Je zet een d als de laatste letter van de stam geen t, k, f, s, ch, p is

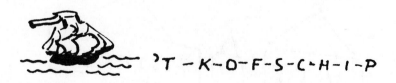

'T – K – O – F – S – C – H – I – P

Oefening:

Vorm het voltooid deelwoord van de volgende werkwoorden:

1. maken **2.** werken **3.** vragen **4.** lenen   **5.** luisteren
6. wonen   **7.** halen   **8.** willen   **9.** tellen   **10.** gebruiken
(let op: gebruiken begint al met 'ge'. Dan hoef je geen 'ge' meer
toe te voegen!)

Let Op:

Wat is het voltooid deelwoord van geloven (= 'denken')?
ge + lo(+o) f + d — geloofd
De 'v' van de stam verandert in een 'f'!

Wat is het voltooid deelwoord van reizen?
ge + reis + d — gereisd
De 'z' van de stam verandert in een 's'!

> Sterke werkwoorden zijn moeilijk. Ze zijn onregelmatig.
> Ze vormen hun voltooid deelwoord vaak door de klinker
> van de stam te veranderen.

Let Op:

Vaak zet je 'en' achter de stam en <u>niet</u> 't' of 'd'.
Sterke werkwoorden moet je uit je hoofd leren.

STERK
WERK-
WOORD

Voorbeeld:

Loes drinkt thee — Loes heeft thee gedronken.

Ik eet een boterham   — ik heb gisteren een boterham gegeten
Ik ga naar de film   — ik ben gisteren naar de film gegaan
Zij koopt een jurk   — zij heeft vanmorgen een jurk gekocht
Hij is in het café   — hij is gisteren in het café geweest
Wij doen de   — wij hebben gisteren de boodschappen
     boodschappen   gedaan
Zij hebben post   — zij hebben post gehad

Let op de woordvolgorde in deze zinnen:

subject + vorm van hebben/zijn + <u>ander stuk zin</u> + voltooid deelwoord

Om de voltooid tegenwoordige tijd te vormen gebruik je hebben of zijn

Wanneer gebruik je 'hebben' en wanneer gebruik je 'zijn'?
Meestal gebruik je hebben.
Soms gebruik je zijn.

Je moet 'zijn' gebruiken bij de werkwoorden: zijn, blijven, worden & bij werkwoorden van beweging: komen, gaan
(zie ook de woordenlijst!)

Oefening:

Vul de goede vorm van hebben of zijn in: :

1. ik.....naar de film geweest.
2. wij.....bloemen gekocht.
3. jullie.....niet hard gewerkt.
4. zij (mv.)..........5 jaar in Groningen gewoond.
5. zij (enk.) ..... niet geluisterd.
6. jij ..... het geld niet goed geteld.
7. ....jij lang in Nederland geweest?
8. wij ..... de auto gehaald.
9. ik ..... het woordenboek nog niet gebruikt.

Conversatie

Leerling A vraagt aan leerling B: wat heb jij (heeft u) gisteren gedaan?

Les 16

Ik vind dat de televisie niet goed is voor de kinderen.
Wanneer ze uit school komen, gaat de t.v. meteen aan.
Dan kijken ze tot 9 of 10 uur 's avonds.
Ik geloof dat ze andere dingen moeten doen.
Wanneer kinderen een hobby hebben, zijn ze actief.
Wanneer ze televisie kijken, zijn ze passief.
Ik zeg altijd tegen ze, dat ze naar hun kamer moeten gaan.
Wanneer ik dat zeg, worden ze boos.
Ze willen dat ik alles goedvind.
Ze zeggen dat ik een autoritaire vader ben.
Maar dat ben ik niet!

Ik vind dat de televisie heel interessant is.
Wanneer ze een programma over dieren uitzenden, kijk ik altijd.
Ik ben het niet eens met mijn man, dat de televisie slecht is.
De kinderen kunnen veel van de televisie leren.
Ik geloof dat het niet goed is voor de kinderen om veel geweld te zien.
Wanneer ze een programma met veel geweld uitzenden, moet de t.v. uit.
Wanneer ik de televisie uitzet, worden de kinderen kwaad.
Ze zeggen dat ik hen niet begrijp.
Maar dat doe ik wel!

Vader wil dat wij geen televisie kijken.
Moeder wil dat wij alleen naar goede t.v. programma's kijken.
Maar wij vinden dat spannende films en cowboyfilms heel leuk zijn.
Wanneer de programma's over dieren gaan, willen we niet kijken.
Wij zijn het niet met vader en moeder eens!
Wij willen onze school en ons huiswerk ook wel eens vergeten!
Maar dat begrijpen vader en moeder niet.
Die* willen dat wij altijd iets leren.....

*Die = vader & moeder (die kun je vaak gebruiken in plaats van 'zij')

Vragen

1. Vindt meneer van Dijk het goed dat de kinderen televisie kijken? ....
2. Tot hoe laat kijken de kinderen televisie? ....
3. Is mevrouw van Dijk <u>het</u> eens met haar man? ....
4. Welke programma's vindt zij goed? ....
5. Wanneer zet zij de televisie uit? ....
6. Denkt zij dat ze haar kinderen begrijpt? ....
7. Vinden Loes en Willem de televisie leuk? ....
8. Naar welke programma's willen ze kijken? ....
9. Wat willen zij vergeten? ....
10. Zijn zij <u>het</u> eens met hun ouders? ....

Let Op:

> *Ik vind <u>dat</u> de televisie heel interessant is.*
>
> *Ik vind* = een <u>hoofdzin</u> (dat is een grammaticale uitdrukking)
> *dat de televisie heel interessant is* = een <u>bijzin</u> (dat is een grammaticale uitdrukking)
>
> Een bijzin begint met een voegwoord (of een 'conjunctie'):
> *dat & wanneer* zijn voegwoorden.
> Een voegwoord verbindt twee stukken zin.
> Een <u>bijzin</u> vult een <u>hoofdzin</u> aan (= maakt een hoofdzin compleet).

Voorbeeld:

> *Vader en moeder willen....*   *(hoofdzin)*
> Wat willen vader en moeder?
> *.....dat wij naar goede programma's kijken*   *(bijzin)*
>
> Zonder de bijzin kun je de hoofdzin niet begrijpen!
>
> *Let op de woordvolgorde:*
>
> In een <u>bijzin</u> komt het werkwoord <u>meestal aan het einde van de zin</u>, soms ook <u>bijna aan het einde van de zin</u>.

Voorbeeld:

> Ik vind dat de film goed <u>is</u> — ik vind dat de film goed <u>is</u> voor kinderen (niet voor oude mensen!)
>
> In het tweede voorbeeld krijgt 'voor kinderen' de nadruk. Daarom staat 'voor kinderen' hier aan het einde van de bijzin en komt het werkwoord 'is' bijna aan het einde van de zin.

Oefening:

Maak van de volgende twee zinnen 1 zin:

1. ik zeg — ik houd van een feest
2. hij gelooft — het is slecht weer
3. wij vinden — het stukje zeep ruikt lekker
4. jullie begrijpen — we hebben niet veel tijd
5. zij zeggen — de televisie is interessant

Let Op:

Een bijzin komt soms ook <u>voor</u> de hoofdzin:
<u>Wanneer ze uit school komen</u>, willen ze meteen televisie kijken.
<u>Wanneer ik dat zeg</u>, worden ze heel boos.

Woordvolgorde:
In de bijzin staat het werkwoord aan het einde van de zin (komen, zeg).
Als de bijzin voor de hoofdzin komt, staat het <u>werkwoord</u> in de <u>hoofdzin</u>
op de <u>eerste</u> plaats (zie ook blz. 25: als het eerste woord (of stuk) van
een zin niet het subject is, krijgt de zin de woordvolgorde van een
vraagzin).

De theorie is moeilijk, maar de praktijk is niet
zo moeilijk!

Oefening:

Maak van de volgende twee zinnen 1 zin..

Voorbeeld: het regent — ik wil een paraplu lenen
wanneer het regent, wil ik een paraplu lenen

1. de auto is vuil — hij moet hem schoonmaken
2. oma is jarig — Willem moet een cadeautje kopen
3. Loes heeft geen geld — ze kan niet naar de film gaan
4. meneer Öztürk heeft geen werk — hij kan de rekening niet betalen
5. het is mooi weer — de kinderen gaan op de fiets

Conversatie

Leerling A vraagt aan leerling B
   a. wat hij/zij van de televisie vindt?
   b. van welke programma's hij/zij houdt?
   c. naar welke programma's hij/zij kijkt?
   d. of hij/zij televisie slecht vindt voor kinderen?

Leerling B vraagt dan aan leerling C: ben jij(bent u) <u>het</u> eens met me?
of: ben jij(bent u) <u>het</u> met me eens?

In Les 15 staat dat het <u>voltooid deelwoord</u> aan het einde van de zin staat.

Ik heb een jurk <u>gekocht</u>   *NIET*   ~~ik heb gekocht een jurk~~ *(fout)*

In zinnen zoals: ik wil de school vergeten/ik moet een cadeautje kopen/
                      ik kan niet naar de film gaan
vinden we twee werkwoorden: wil & vergeten/moet & kopen/kan & gaan.

willen, moeten, kunnen krijgen <u>geen voltooid deelwoord</u>, maar het <u>hele werkwoord</u>.
Het hele werkwoord staat <u>ook</u> aan het einde van de zin.
Dus:

Ik wil de school vergeten   *NIET*   ~~ik wil vergeten de school~~ *(fout)*

Conversatie

Leerling A vraagt aan leerling B
a. kun je me zeggen <u>wat voor</u> weer het vandaag is?
b. kun je me zeggen <u>of</u> het warm is?
c. kun je me zeggen <u>hoe</u> warm het is?

min tien graden Celsius

−10°C = erg koud
0°C = koud
20°C = aangenaam
35°C = erg warm

HET WEER

het is mistig
<u>of</u>
het mist

het is bewolkt

de zon schijnt

het regent   het sneeuwt

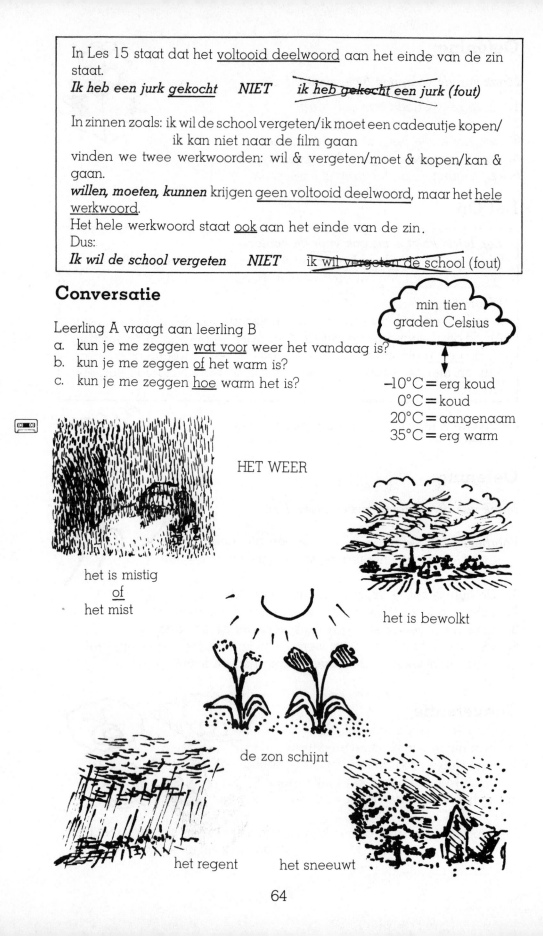

Les 17

De vrouw die je op dit plaatje ziet, is een vriendin van mevrouw van Dijk.
Ze heet Willemien van Leeuwen.
Ze heeft heel lang op een bank gewerkt.
Ze is al vijf jaar getrouwd en nu verwacht ze over een paar maanden een kind.
Ze is erg ziek geweest en is nog steeds zwak.
Daarom heeft ze gezegd, dat ze zes maanden vrij wil. Drie maanden voor de geboorte van het kind en drie maanden na de geboorte.
Officieel kan ze tijdens haar zwangerschap* twaalf weken vrij krijgen.

Het werk dat ze op de bank doet, is erg ingewikkeld*.
Niemand kan haar werk snel leren.
Niemand kan haar voor een korte tijd vervangen*.
Daar is haar werk te moeilijk voor.
Dus is ze ontslagen*.
Haar man, die leraar is op een M.A.V.O., vindt dat erg jammer.
Maar alles wat ze kunnen doen, is een nieuwe baan voor haar vinden na de geboorte van de baby.
Maar er is nog een probleem: in Nederland is het moeilijk voor een vrouw om moeder te zijn en te werken.
Er zijn niet veel crèches, waar de kinderen overdag kunnen zijn.
Voor de crèches die er zijn, moet je veel betalen.
Het is een groot probleem, maar er zijn veel vrouwen die de situatie willen veranderen!

*de zwangerschap	=	de periode dat een vrouw een kind verwacht (9 maanden)
*ingewikkeld	=	'moeilijk', complex
*vervangen	=	iemands werk overnemen, het werk van iemand anders doen
*ontslagen	=	van het werkwoord 'ontslaan'. ik ben ontslagen = ik ben mijn baan kwijt, ik heb geen werk meer.

Vragen

1. Wie is de vrouw die je op het plaatje (op blz. 65) ziet?
2. Hoe heet ze?
3. Waar heeft ze heel lang gewerkt?
4. Hoe lang is ze getrouwd?
5. Wanneer verwacht ze een kind?
6. Hoeveel maanden wil ze vrij hebben?
7. Hoe lang kan ze officieel vrij krijgen?
8. Is haar werk gemakkelijk?
9. Geeft haar baas haar zes maanden vrij?
10. Wat doet haar man?
11. Zijn er veel crèches in Nederland?
12. Zijn de crèches goedkoop?

Let Op:

Voorbeeld:

Enkelvoud	Meervoud
de <u>vrouw</u> *die* je ziet	er zijn veel <u>vrouwen</u> *die* de situatie willen veranderen
haar <u>man</u> *die* leraar is	de <u>mannen</u> *die* werkloos zijn
het <u>werk</u> *dat* ze doet	
maar	de <u>kinderen</u> *die* in de crèches zijn
<u>alles</u> *wat* ze kunnen doen	
de <u>bank</u> *waar* ze werkt	veel <u>crèches</u> *waar* de kinderen overdag kunnen zijn
<u>het is moeilijk om te begrijpen</u> *wat* de leraar zegt	

die, dat, wat, waar — deze woorden wijzen terug naar een <u>ander</u> woord.
Dat woord heet het antecedent.
Het is een grammaticale uitdrukking.
Het antecedent is <u>onderstreept</u> in de voorbeelden.

Wanneer gebruik je <u>die</u>, wanneer <u>dat</u>, wanneer <u>wat</u>?

<u>die</u> moet je gebruiken na: de-woorden (enkelvoud en meervoud)
                               het-woorden (alleen meervoud)

<u>dat</u> moet je gebruiken na: het-woorden (alleen enkelvoud)

<u>wat</u> moet je gebruiken na: a) <u>alles</u>
                               b) wanneer het antecedent <u>een stuk zin</u> is

> **waar** moet je gebruiken na:
> 1. woorden van plaats   *Voorbeeld:* de crèches waar de kinderen zijn; het huis waar jullie geboren zijn
>
> 2. werkwoorden zoals   *Voorbeeld:* ik weet waar hij woont
>   'weten', begrijpen,   ik begrijp niet waar jij woont
>   zien   ik zie waar u woont
>
> Bij de tweede groep voorbeelden hebben we 'bijzinnen' (zie. blz. 62) die eerst 'vraagzinnen' geweest zijn. Alle 'vraagwoorden' (hoe, wanneer, wie, wat, waar) kun je zo gebruiken.

Voorbeeld:

waar is hij?	ik weet niet **waar** hij is
hoe heet hij?	ik weet niet **hoe** hij heet
wanneer komt hij?	ik weet niet **wanneer** hij komt
wie is hij?	ik weet niet **wie** hij is
wat doet hij?	ik weet niet **wat** hij doet

Oefening:

Vul in die, dat of wat

1. Het huis, ... je op dit plaatje ziet is van mij.
2. De kinderen, ... voor het raam zitten, zijn de buurkinderen.
3. Alles, ... je kunt zien, is de voorkant van het huis.
4. In de tuin, ... achter het huis ligt, spelen mijn kinderen.

Vul nu in waar, hoe, wanneer, wie of wat

5. Ik weet niet, ... mijn vrouw nu is.
6. Maar de buurkinderen weten wel, ... ze naar huis moeten.
7. Ik weet niet goed, ... de buurkinderen heten.
8. Zij weten natuurlijk wel, ... ik ben!
9. Ik zie niet goed, ... ze nu doen!

ik	moet
jij	moet
u	moet
hij	moet
zij	moet
het	moet
wij	moeten
jullie	moeten
zij	moeten

Conversatie

Leerling A vraagt aan leerling B
a) ben jij (bent u) <u>het</u> eens met de baas van mevrouw van Leeuwen?
b) vind je (vindt u) dat een vrouw kan werken en een kind hebben?
c) geloof je (gelooft u) dat een man goed voor een kind kan zorgen?
d) vind je (vindt u) dat crèches slecht zijn voor een kind?

De rangtelwoorden

1ste	= eerste			
2de	= tweede			
3de	= derde	15de	= vijftiende	
4de	= vierde	16de	= zestiende	
5de	= vijfde	17de	= zeventiende	
6de	= zesde	18de	= achtiende	
7de	= zevende	19de	= negentiende	
8ste	= achtste	20ste	= twintigste	
9de	= negende	21ste	= eenentwintigste	
10de	= tiende	22ste	= tweeëntwintigste	
11de	= elfde	etc.		
12de	= twaalfde			
13de	= dertiende			
14de	= veertiende			

> Regel: om het rangtelwoord te vinden van 20-100, moet je -<u>ste</u> achter het hoofdtelwoord zetten

Conversatie

Leerling A vraagt aan leerling B
a) de hoeveelste is het vandaag?

Het antwoord kan zijn:
(voorbeeld) het is vandaag 5 maart   <u>of</u>   het is vandaag de vijfde

De namen van de maanden zijn:

januari   *juli*
februari   *augustus*
maart   *september*
april   *october*
mei   *november*
juni   *december*

Les 18

Mevrouw Visser is een vriendin van grootmoeder van Dijk. Vroeger woonden ze allebei in Delft.
Nu zit mevrouw Visser in een bejaardentehuis* in Den-Haag, omdat ze te oud is om alleen te wonen. Haar man, die acht jaar geleden overleden is, had een winkel.
Mevrouw Visser heeft die winkel niet meer, omdat ze failliet is gegaan. Ze heeft daarom zelf geen inkomen*, alleen A.O.W.*. En ze krijgt niet genoeg geld van de A.O.W. om het bejaardentehuis van te betalen.
Vroeger kostte dat veel minder dan nu.
De meisjes die in een bejaardentehuis werkten, verdienden eerst niet zo veel. Nu krijgen ze meer loon. Bovendien zijn de prijzen van alle levensmiddelen erg omhoog gegaan.
Daarom kunnen veel oude mensen het bejaardentehuis niet meer zelf betalen.

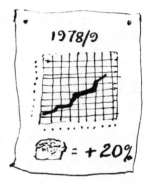

Mevrouw Visser heeft vier kinderen, die eerst de huur voor haar betaalden. Maar nu doet de staat dat voor bejaarden met weinig geld.
De meeste bejaarden vinden het eerst niet leuk om naar een bejaardentehuis te gaan, omdat ze van hun vrijheid en van hun zelfstandigheid* houden. Maar wanneer ze ziek zijn, hebben ze hulp nodig. In een bejaardentehuis hoef je niet zelf te koken. Ook hoef je niet zelf je kamer of flat schoon te maken*. Het is voor veel bejaarden een goede oplossing*.

---

*bejaardentehuis — bejaarden = 'oude mensen', mensen boven de 65
 het tehuis = een instituut, een instelling
 MAAR LET OP: thuis = in je eigen huis zijn
*het inkomen = 'het loon', het geld dat je elke week, elke maand verdient
*de A.O.W. = een staatspensioen dat iedereen krijgt, die boven de 65 is
*de zelfstandigheid = alles zelf kunnen doen, geen andere mensen nodig
 hebben

*schoon te maken — let op: het hele werkwoord is 'schoonmaken'.
 Maar in combinatie met het woordje 'te' krijg je
 schoon te maken NIET te schoonmaken *(fout)* —
 zie voor meer voorbeelden blz. 120.
*de oplossing = wanneer je een probleem hebt, probeer je een oplossing
 voor dat probleem te vinden

Vragen

1. Hoe heet de vriendin van grootmoeder
van Dijk? ....
2. Waar woont mevrouw Visser nu? ....
(let op: *de uitspraak van 'nu' is vaak 'nou'*)
3. Waar woonde ze vroeger? ....
4. Hoe lang geleden is de man van mevrouw
Visser overleden? ....
5. Wat voor werk had hij? ....
6. Heeft mevrouw Visser nog steeds een
winkel? ....
7. Hoe veel kinderen heeft ze? ....
8. Betalen haar kinderen de huur voor haar? ....
9. Kost een bejaardentehuis nu minder
dan vroeger? Nee, vroeger ....
....
10. Welke prijzen zijn erg omhoog gegaan? ....
11. Wanneer betaalt de staat de huur van
een bejaardentehuis? ....
12. Waarom vinden de meeste bejaarden
het eerst niet leuk om naar een bejaardentehuis te gaan? ....
13. Wanneer hebben bejaarden hulp nodig? ....
14. Moet je* zelf koken en je kamer schoon
maken in een bejaardentehuis? Nee, je* hoeft niet .....
....

---

*je: let op — *je betekent hier NIET jij/u MAAR je betekent hier
'iedereen'*

je = iedereen
een andere manier om dat te zeggen: moet men zelf koken?
men = formeel (schrijftaal)
je = informeel (spreektaal)

Let Op:

Ze woonden in dezelfde straat (vroeger, in 1955 ....).
De kinderen betaalden eerst de huur (tot 1967 ....).
Vroeger kostte een bejaardentehuis minder (in 1965 ....).

Deze zinnen staan in de (onvoltooid) verleden tijd.
De **verleden tijd** is een grammaticale uitdrukking.

Wanneer moet je de verleden tijd gebruiken?
Je gebruikt de verleden tijd wanneer je wilt zeggen:

a) zo was het <u>vroeger</u>, een lange tijd geleden
b) wanneer je <u>een verhaal</u> vertelt (je vindt de verleden tijd in veel boeken)
c) in zinnen die beginnen met al<u>s</u> (dat komt later in de cursus! Zie les 23).

Hoe vorm je de verleden tijd?
Het Nederlands heeft **zwakke** en **sterke werkwoorden** (zie blz. 58). De sterke werkwoorden komen later in de cursus (zie les 19). De zwakke werkwoorden vormen de verleden tijd zo:

stam van het werkwoord + te/ten
<u>of</u>
stam van het werkwoord + de/den

Dus:
werken
de stam van 'werken' kun je vinden door 'en' weg te laten: werk

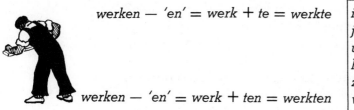

werken — *'en'* = *werk* + *te* = *werkte*	*ik werkte*
	jij werkte
	u werkte
	hij werkte
	zij werkte
werken — *'en'* = *werk* + *ten* = *werkten*	*wij werkten*
	jullie werkten
	zij werkten

betalen
de stam van betalen kun je vinden door 'en' weg te laten: bet<u>a</u>al
(om de 'a' lang te houden, moet je een 'a' toevoegen, zie blz. 8!)

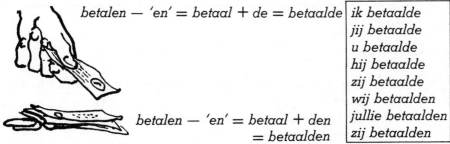

betalen — *'en'* = *betaal* + *de* = *betaalde*	*ik betaalde*
	jij betaalde
	u betaalde
	hij betaalde
	zij betaalde
	wij betaalden
betalen — *'en'* = *betaal* + *den*	*jullie betaalden*
= *betaalden*	*zij betaalden*

Wanneer zet je **te of ten** achter de stam en wanneer **de of den?** (vergelijk blz. 58!)

Je zet <u>te/ten</u> achter de stam wanneer de laatste letter van de stam is: t, k, f, s, ch, p ('t kofschip)
Je zet <u>de/den</u> achter de stam wanneer de laatste letter van de stam geen t, k, f, s, ch, p is!

Oefening:

Zet het volgende verhaal in de <u>verleden tijd</u>:

1. Meneer Gerritsen woont (..........) in Groningen.
2. Daar werkt (..........) hij als loodgieter.
3. Hij verdient (..........) vrij veel geld, maar
   hij wil (..........) graag meer verdienen.
4. In zijn vrije tijd leert (..........) hij Duits
   op een avondschool.
5. Daarvoor betaalt (..........) hij f 10,- per les.   *"de loodgieter"*
6. Wanneer het regent (..........), leent (..........)
   hij een paraplu van zijn vrouw, omdat hij geen les
   wil (..........) missen.

Let Op:

Wat is de verleden tijd van het werkwoord *kosten?*
De stam van 'kosten' is?   .... kost
Dus de verleden tijd is?   kost **+** te **=** kostte

Wat is de verleden tijd van het werkwoord *praten?*
De stam van 'praten' is?   .... praat
Dus de verleden tijd is?   praat **+** te **=** praatte

Wat is de verleden tijd van het werkwoord *geloven?*
De stam van 'geloven' is?   .... geloof (zie ook blz. 59)
Dus de verleden tijd is?   geloof **+** de **=** geloofde

Wat is de verleden tijd van het werkwoord *reizen?*
De stam van 'reizen' is?   .... reis (zie ook blz. 59)
Dus de verleden tijd is?   reis **+** de **=** reisde

Let Op:

Voorbeeld: *ik ga niet naar het feest van Henk, omdat ik niet van feesten*
houd (let op: je kunt ook zeggen — ik hou)
hij heeft niet veel geld, omdat het bijna het einde van de
maand is

ik ga niet naar het feest van Henk
hij heeft niet veel geld   *hoofdzinnen*

omdat ik niet van feesten houd (hou)
omdat het bijna het einde van de maand is   *bijzinnen*

Regel:

In de *bijzin* gaat het werkwoord naar het *einde* van de zin! (zie ook blz.62).
omdat = voegwoord
Een voegwoord is een grammaticale uitdrukking.
Het verbindt een hoofdzin met een bijzin.

Na **omdat** krijg je altijd een bijzin! Denk dus goed aan de woordvolgorde.

Oefening:

Maak van de volgende twee zinnen 1 zin met behulp van het woordje 'omdat':

1. ik ga een appel kopen — ik heb honger
2. u verdiende veel geld — u werkte als tandarts
3. zij kunnen niet opbellen — zij hebben geen kwartjes voor de telefooncel
4. hij moet een nieuwe baan zoeken — hij is ontslagen
   (in het tweede stuk zin 'hij is ontslagen' staan twee werkwoorden:
   is & ontslagen. In dit geval heb je twee mogelijkheden:
   omdat hij ontslagen is   of   omdat hij is ontslagen!)
5. televisieprogramma's kunnen interessant zijn — je kunt veel van deze programma's leren (let op: twee werkwoorden!)
6. niemand kan haar vervangen — niemand kan haar werk snel leren (let op: twee werkwoorden!)
7. hij wil de badkamer schoonmaken — hij (= de badkamer!) is vuil
8. ze is nog steeds zwak — ze is ziek geweest (let op: twee werkwoorden!)

73

Let Op:

Voorbeeld:	*je moet nu naar school gaan*	*je hoeft niet naar school te gaan*
	u moet 'geachte meneer Jansen' schrijven	*u hoeft niet 'geachte' te schrijven, 'beste' is ook goed*

ik moet	ik hoef niet	⎫
jij moet	jij hoeft niet	(hoef jij niet?)
u moet	u hoeft niet	
hij moet	hij hoeft niet	
zij moet	zij hoeft niet	⎬ + TE +
wij moeten	wij hoeven niet	WERKWOORD
jullie moeten	jullie hoeven niet	
zij moeten	zij hoeven niet	⎭

Oefening:

Verander de volgende zinnen op dezelfde manier:

1. jullie moeten opa helpen ....
2. u moet vandaag de boodschappen doen ....
3. je moet de televisie uitzetten ....

(let op: uitzetten in combinatie met het woordje 'te': uit te zetten)

4. hij moet de rekening betalen ....

Je kunt ook krijgen: ik moet niet, jij moet niet etc. (= etcetera)

Voorbeeld: *hij moet niet zo veel roken. Dat is slecht voor hem*
niet moeten = een verbod
hij hoeft niet te stoppen met roken (het is niet nodig!)
niet hoeven = niet nodig zijn

Conversatie

Leerling A vraagt aan leerling B
a) of hij een grootmoeder of een grootvader heeft
b) of hij een bejaarde vader of moeder heeft
c) of ze in een bejaardentehuis wonen
d) of hij/zij een bejaardentehuis goed vindt voor bejaarden
e) of hij/zij vindt dat bejaarden beter bij hun kinderen kunnen wonen

Les 19

Mevrouw van Dijk is vandaag naar Amsterdam geweest.
Ze hoefde niet in de winkel te werken, omdat de winkel op
donderdag altijd gesloten is.
Ze wilde in Amsterdam nieuwe handdoeken gaan kopen en
een stel lakens.
Bovendien hadden de kinderen nieuw ondergoed nodig.
Maar aan het eind van de dag kwam ze met lege handen
thuis.
Waarom dat zo was, vertelt ze nu aan haar man.

de handdoek

het kussen

de deken

het laken

Vragen

1. Waar is mevrouw van Dijk vandaag naar toe.....................
   geweest?
2. Waarom hoefde ze vandaag niet in de winkel.....................
   te werken?
3. Wat wilde ze in Amsterdam gaan doen?   ....
4. Wat hadden de kinderen nodig?   ....

Gesprek tussen meneer en mevrouw van Dijk:

Meneer van Dijk: Dag lieverd. Heb je een fijne dag
gehad? Laat me eens zien wat je
allemaal gekocht hebt!

Mevrouw van Dijk: Misschien geloof je het niet, maar ik
heb niks gekocht...Ze hebben mijn
portemonnee gerold* in de tram.

Meneer van Dijk: Hoe kwam dat? Merkte je dan niks?

Mevrouw van Dijk: Nou, toen ik op het station was,
wilde ik eerst gaan lopen naar het
centrum. Maar het begon te
regenen en daarom dacht ik dat ik
beter met de tram kon gaan. Vlak
voordat we de Leidsestraat
inreden, had ik mijn portemonnee
nog. Ik keek namelijk in mijn tas om
te zien of ik een zakdoekje had. En
toen ik op het Leidseplein uitstapte,
was hij weg.

Meneer van Dijk: Hoeveel geld zat er in je portemonnee?

Mevrouw van Dijk: Ongeveer f 250,-

Meneer van Dijk: Dat is nogal wat! Wat heb je daarna gedaan?

Mevrouw van Dijk: Je begrijpt dat ik erg schrok*. Ik ben meteen naar het politiebureau gegaan om aangifte* te doen.

Meneer van Dijk: Wat zei de politie? Hadden ze nog hoop om je portemonnee terug te krijgen*?

Mevrouw van Dijk: Ze deden alsof het niets bijzonders was. Ze zeiden dat ze elke dag wel zo'n* 100 aangiftes van diefstal krijgen. Ik moest nog geld van hen lenen om de tram terug te nemen* naar het station. Gelukkig had ik een retourtje Utrecht-Amsterdam.

Toen ik naar huis liep, zag ik nota bene hier om de hoek nog een poster "Pas op* voor zakkenrollers"......

*gerold — van het werkwoord 'rollen'
Dit komt van het werkwoord 'zakkenrollen' (schrijftaal) — 'rollen' = spreektaal

*zakkenrollen = iets van iemand stelen op straat, geld etc. uit zijn broekzak nemen/pakken

*schrok — van het sterke werkwoord 'schrikken'. Je schrikt wanneer een kind bijna onder een auto komt, je schrikt wanneer je een akelig, vervelend telegram krijgt

*aangifte doen = naar het politiebureau gaan en de politie vertellen dat iemand iets heeft gestolen van je of dat je iets bent verloren

*terug te krijgen ⎫ van de werkwoorden
*terug te nemen ⎭ 'terugkrijgen' en 'terugnemen'

in combinatie met het woordje 'te' krijg je terug te krijgen etc.

*zo'n = (hier) ongeveer, niet precies

*pas op — komt van oppassen voor = uitkijken voor, voorzichtig zijn

Voorbeeld: pas op voor het verkeer
(het verkeer = alle auto's, bussen)

76

Vragen

1. Waarom heeft mevrouw van Dijk niets..................... gekocht?
2. Wat wilde ze eerst doen toen ze op het station was? ....
3. Waarom dacht ze dat ze beter met de tram kon gaan? ....
4. Wanneer had ze haar portemonnee nog? ....
5. Waarom keek ze in haar tas? ....
6. Hoeveel geld zat er in haar tas? ....
7. Waarom is ze meteen naar het politiebureau gegaan? ....
8. Wat zei de politie? ....

Let Op:

	van het werkwoord
de kinderen <u>hadden</u> nieuw ondergoed nodig	hebben
ze <u>kwam</u> met lege handen thuis	komen
het <u>begon</u> te regenen	beginnen
daarom <u>dacht</u> ik	denken
dat ik beter met de tram <u>kon</u> gaan	kunnen
voordat we de Leidsestraat <u>inreden</u>	inrijden
ik <u>keek</u> namelijk in mijn tas	kijken
de portemonnee <u>was</u> weg	zijn
hoeveel geld <u>zat</u> er in je portemonnee?	zitten
je begrijpt dat ik erg <u>schrok</u>	schrikken
ze <u>deden</u> alsof het niets bijzonders was	doen
ze <u>zeiden</u> dat	zeggen
ik <u>moest</u> nog geld lenen	moeten
toen ik naar huis <u>liep</u>	lopen
<u>zag</u> ik een poster	zien

Al deze zinnen staan in de verleden tijd (zie blz. 71).
Alle werkwoorden in de rechterkolom zijn sterke werkwoorden (zie blz. 59).
De verleden tijd van sterke werkwoorden is erg <u>onregelmatig</u>.

Wat is het verschil tussen de verleden tijd van het <u>zwakke</u> werkwoord (les 18) en de verleden tijd van het <u>sterke</u> werkwoord?

Bij de zwakke werkwoorden moet je eerst 'de stam' vinden, daarna <u>te/ten</u> of <u>de/den</u> toevoegen.
Bij de sterke werkwoorden moet je de klinker (a, e, ie, o etc.) van de stam van het werkwoord veranderen. Je moet GEEN TE/TEN OF DE/DEN toevoegen bij sterke werkwoorden.

Om de verleden tijd van sterke werkwoorden te vinden, moet je uit je hoofd leren welke klinker je voor de verleden tijd moet gebruiken.

Voorbeeld: lopen — *de klinker in de verleden tijd = 'ie'* — *ik liep*
**Om het 'meervoud' (wij, jullie, zij) te vinden
moet je daar 'en' aan toevoegen** — *wij liepen*

Spelling: denk goed aan de spellingregels.
Vaak moet je een medeklinker (k, n, d etc.) toevoegen om de klinker kort te houden.

Voorbeeld: *ik schrok — wij schrokken
ik begon — wij begonnen
ik had — wij hadden*

Maar Let Op:

hij kwam (korte 'a') om vijf uur
de portemonnee was (korte 'a') weg
zag (korte 'a') jij niks?

zij kwamen (lange 'a') om zes uur
de brieven waren (lange 'a') weg
zagen (lange 'a') jullie niks?

Wanneer je kwam & kwamen, was & waren, zag & zagen op papier ziet staan, lijkt de klank het zelfde, maar dat is niet zo!

hij kwam = korte 'a'. De a staat in de laatste lettergreep van het woord.
zij kwamen = lange 'a'. De a staat voor 1 medeklinker en is dus lang (zie blz. 8).
CONCLUSIE: het enkelvoud (ik, jij, u, hij, zij) en het meervoud (wij, jullie, zij) zijn bij deze werkwoorden ook nog onregelmatig.

HET IS HET BESTE OM DE VERLEDEN TIJD (ENKELVOUD & MEERVOUD) VAN ALLE STERKE WERKWOORDEN UIT HET HOOFD TE LEREN.
In de woordenlijst kun je de verleden tijd van de sterke werkwoorden uit deze cursus opzoeken.

Conversatie:

Leerling A heeft zijn horloge (let op de uitspraak 'horlózje') verloren*.
Hij gaat aangifte doen bij de politie.
Leerling B is politieagent.

Leerling B kan bijvoorbeeld vragen:
a) was het een nieuw horloge?
b) waar heeft u het verloren*?
c) hoe heet u etc.

*verloren — van het sterke werkwoord verliezen = kwijtraken, niet meer
kunnen vinden

Woordenlijst (kleuren)

wit	een ei is van binnen geel en van buiten wit, wanneer het
geel	gekookt is
rood	het symbool van de liefde is een rode roos; een roos is vaak rood
blauw	de lucht in Portugal is (heel vaak) blauw
bruin	chocola is bruin
zwart	deze woorden zijn gedrukt in zwarte inkt

Let Op:

> Toen ik op het station was, wilde ik eerst gaan lopen
> Toen ik op het Leidseplein uitstapte, was hij weg
> Toen ik naar huis liep, zag ik een poster
>
> Regel: na TOEN moet je altijd een verleden tijd gebruiken!

Oefening:

*Maak van de volgende stukken zin 1 zin met behulp van het woordje 'toen'.
Denk om de woordvolgorde (zie blz 63)*

1. hij was in Groningen   hij kocht een nieuwe jas
2. wij liepen op straat   het begon te sneeuwen
3. jullie spraken Italiaans in het   de ober begreep het niet
   restaurant
4. zij wist het antwoord niet   zij heeft het gevraagd
5. het feest was niet meer leuk   wij zijn naar huis gegaan

> ### VERGELIJK
> Wanneer hij in Amsterdam is, gaat hij (altijd) naar een café
> Wanneer hij Nederlands spreekt, maakt hij veel fouten
> Wanneer zij het antwoord niet weet, vraagt zij het altijd aan haar vriend

Les 20

 Loes: Zeg mam, weet je nog dat oma gisteren opbelde
omdat het zo vreemd rook in haar huis?
Vader dacht dat ze misschien brand had.
Maar hier in de krant staat, wat er werkelijk aan
de hand was*.

ROTTERDAM — Een stankfront dat tussen de 20 en 30
kilometer breed was, heeft gisteren in een groot deel van
ons land hinder* veroorzaakt*.*

*In het gebied rondom Rotterdam en Delft regende het
telefoontjes bij de politie en de milieudiensten*. In de
loop van de dag ging de stank, die geen gevaar vormt
voor de volksgezondheid, op de meeste plaatsen weg.
Alleen in Dordrecht en omgeving werden gisteravond
nog klachten* over stank gemeld.*

De stank is waarschijnlijk ontstaan doordat de Noorse
tanker Ruby Rose (5000 ton) gisternacht op de Schelde
bij Antwerpen illegaal chemische stoffen in de rivier
heeft geloosd*.*

*Door de zuidelijke wind, stroomde de stank ons land
binnen. Veel mensen werden door de stank uit hun slaap
gehaald en dachten dat hun meubels in brand stonden.
Ze belden politie en brandweer die hen konden vertellen,
dat er geen gevaar was.*

*wat er werkelijk aan de hand was = wat het werkelijk was
*het stankfront = (hier) een gebied waar het erg vies ruikt
*de hinder = de last   Wanneer iemand zijn auto middenop de straat
                         parkeert geeft dat hinder (last) voor andere auto's
*veroorzaken = (hier) geven
*de milieudienst
    de dienst —   (hier) de instelling, de organisatie
    het milieu — de wereld om ons heen
                 we vinden het belangrijk om goed voor
                 het milieu te zorgen, d.w.z. (dat wil zeggen)
                 we moeten de lucht, het water schoonhouden,
                 geen olie lozen op zee, omdat de vissen dan
                 doodgaan etc.

*de klacht — wanneer je buren om drie uur 's nachts de radio heel hard
aan hebben, kun je bij de politie een 'klacht indienen'. Het
woord 'klacht' komt van het werkwoord 'klagen'. 'Een klacht
indienen' = 'klagen'

*ontstaan — stank (lucht die vies ruikt) kan ontstaan doordat iemand een
sigaar rookt *of (wanneer je vindt dat een sigaar lekker ruikt!)*
stank kan ontstaan wanneer een fabriek niet goed werkt, niet
goed functioneert

*geloosd — van het werkwoord 'lozen'. Een fabriek kan afval (= vuil
materiaal, vuile stoffen) in een rivier lozen, een schip kan olie
op zee lozen
lozen = laten weglopen, laten wegdrijven

Vragen

1. Waarom belde oma gisteren op? . . . .
2. Had ze brand? . . . .
3. Wat veroorzaakte hinder in een groot deel
   van Nederland? . . . .
4. Wanneer ging de stank op de meeste plaatsen
   weg? . . . .
5. Hoe is de stank waarschijnlijk ontstaan? . . . .
6. Stroomde de stank door een oostelijke wind
   het land binnen? . . . .
7. Wat dachten veel mensen toen ze de stank
   roken? . . . .
8. Wat zeiden de brandweer en de politie? . . . .

ACTIEVE ZINNEN — PASSIEVE ZINNEN
of
DE BEDRIJVENDE VORM — DE LIJDENDE VORM

Voorbeeld: de politie werkt erg hard.
Wat is het onderwerp van deze zin? . . . .
Hoe kun je het onderwerp van deze zin vinden?
Door te vragen 'wie werkt erg hard?' **Antwoord:** de politie.
Dus is 'de politie' het onderwerp van de zin 'de politie werkt erg hard'.

Voorbeeld: het huis is erg duur.
Wat is het onderwerp van deze zin? . . . .
Hoe kun je het onderwerp van deze zin vinden?
Door te vragen 'wat is duur'? **Antwoord:** het huis.
Dus is 'het huis' het onderwerp van de zin 'het huis is erg duur'.

*Wanneer stel je de vraag 'Wie.....' en wanneer stel je de vraag 'Wat.....'?
Wanneer je over mensen praat, vraag je 'wie', wanneer je over dingen
praat, vraag je 'wat'*

> Het onderwerp (subject) is een grammaticale uitdrukking
> Het onderwerp in een zin = het stukje zin <u>dat het werkwoord</u> bepaalt
>
> ## Voorbeeld:
>
> ik geef twee boeken
>
> ik = onderwerp (het werkwoord MOET ZIJN geef, niet geeft of geven!)
>
> hij gee<u>ft</u> zes pennen
>
> hij = onderwerp
>
> hebb<u>en</u> jullie een kind?
>
> jullie = onderwerp

Oefening:

Geef aan wat het onderwerp is in de volgende zinnen:

1. Jan weet het antwoord bijna nooit ....
2. Op maandag gaat moeder soms naar de markt ....
3. Wanneer we in Maastricht zijn, geven onze vrienden altijd een feest (twee onderwerpen) .... & ....
4. Toen ze in Den-Haag waren, was het weer erg slecht (twee onderwerpen) .... & ....
5. Heeft Wim jullie een boek gegeven? ....
6. Hebben jullie Wim de krant gegeven? ....

> Al deze zinnen zijn 'actieve zinnen' (al deze zinnen staan in de bedrijvende vorm).
> 'Actieve zin' en 'bedrijvende vorm' zijn grammaticale uitdrukkingen.
> **Wanneer heet een zin 'actief'? Wanneer het onderwerp <u>zelf</u> de actie uitvoert.**

Let Op:

Voorbeeld: Oma wordt woensdag door haar buurvrouw naar het ziekenhuis gebracht.
Oma <u>loopt niet zelf</u> naar het ziekenhuis
(ze voert de actie niet zelf uit).
omdat <u>haar buurvrouw</u> haar naar het ziekenhuis brengt!

Wat is het onderwerp van de zin 'oma wordt woensdag door haar buurvrouw naar het ziekenhuis gebracht'?

Antwoord: Oma (de vraag is 'wie wordt gebracht'?)

> *Regel:* zinnen met een onderwerp, dat <u>niet zelf</u> de actie uitvoert maar die actie ondergaat, zijn 'passieve zinnen' (of: deze zinnen staan in de lijdende vorm).

Oefening:

De volgende zinnen zijn allemaal 'passieve zinnen'. Geef aan wat het onderwerp is:

1. De baby wordt door zijn moeder gewassen ....
2. Wordt de brand door de brandweer geblust? ....
3. Worden we door vader naar school gebracht? ....
4. Ik word nooit naar huis gebracht ....

In het krantenartikel komen een aantal 'passieve zinnen' voor.

a) alleen in Dordrecht en omgeving <u>werden</u> gisteravond nog klachten over stank gemeld
b) veel mensen <u>werden</u> door de stank uit hun slaap gehaald

Deze zinnen staan in de <u>verleden tijd</u> (zie blz. 71, 78), omdat het een verhaal is.

Opdracht:

Zet de zinnen a en b uit het krantenartikel in de tegenwoordige tijd:

a) ....
   (nu moet je 'gisteravond' weglaten!)
b) ....

Vergelijk nu de volgende zinnen en zeg welke zinnen actief zijn en welke passief:

1. De buren dienen een klacht in bij de politie ....
2. Veel oude mensen worden in een bejaardentehuis geplaatst ....
3. Het kind wordt nooit door zijn ouders naar school gebracht ....
4. Mijn oom kijkt altijd naar de televisie ....
5. Werd de brief door de buurman op de post gedaan? ....

Conclusie

In 'passieve zinnen' moet je in de (onvoltooid) <u>tegenwoordige</u> en in de (onvoltooid) <u>verleden tijd</u> het (hulp)werkwoord 'worden' (verleden tijd: 'werd/werden') gebruiken.
In 'passieve zinnen' voert het <u>onderwerp</u> van de zin de actie <u>niet zelf</u> uit.
Je geeft de persoon die de actie in een 'passieve zin' uitvoert aan met het voorzetsel (de prepositie) 'door'.
Het hele werkwoord in de 'actieve zin' wordt het voltooid deelwoord (blz. 58 en blz. 59) in de 'passieve zin'.

Opdracht: *(moeilijk)*

Voorbeeld:

vader koopt het cadeau
vader koopt de cadeaus

het cadeau wordt door vader gekocht
de cadeaus worden door vader gekocht

vader kocht het cadeau
vader kocht de cadeaus

het cadeau werd door vader gekocht
de cadeaus werden door vader gekocht

Wanneer je van een actieve zin een passieve zin maakt, moet je eerst het onderwerp van de actieve zin vinden.
Het onderwerp in de actieve zin wordt het "stukje zin" met 'door' in de passieve zin.
Bij het vormen van de passieve zin moet je goed nadenken 'wie' of 'wat' de actie van het werkwoord ondergaat!
Vaak moet je het werkwoord van het meervoud in het enkelvoud zetten, of van het enkelvoud in het meervoud!

Maak van de volgende actieve zinnen een passieve zin en vorm het voltooid deelwoord van het hele werkwoord (op de juiste manier!):

1. De meisjes wassen de bejaarden ....
2. Vader brengt Loes naar school ....
3. Meneer Oztürk betaalt de rekening ....
4. Hij maakte die foto's ....
   (verleden tijd!) (let op: hij verandert in .....? hem. Zie blz. 53)

5. Willem kocht die zeep ....
6. Ze dronken de thee uit een glas ....
   (let op: ze verandert in ....?)

7. Vader en moeder begrijpen ons niet ....
   (voltooid deelwoord = begrepen) (let op: ons verandert in...................?)

8. De lerares begreep me niet ....
   (let op: me verandert in...................?)

Conversatie

Leerling A vraagt aan leerling B

a) of hij/zij in een stad/provincie woont, waar het milieu erg vervuild is (vervuild = vuil geworden)

b) of hij/zij kan bedenken hoe de regering, de staat of de mensen zelf de situatie kunnen verbeteren (= beter maken)

c) of hij/zij atoomenergie gevaarlijk vindt voor het milieu

d) of hij/zij het eens is met de uitspraak: hondepoep — NIET op de stoep

Les 21

Toen Willem zich vanmorgen waste, deed zijn buik nogal pijn.
Maar hij dacht dat hij gewoon honger had en ging na het ontbijt snel naar school.
Maar hij vergiste zich*: het was geen honger.
Onder de aardrijkskundeles* kwam de pijn terug.
Maar nu was het veel erger, zo erg, dat hij midden onder de les begon te huilen.
De leraar vroeg natuurlijk wat er aan de hand was*.
Maar Willem voelde zich zo ziek, dat hij geen antwoord kon geven.
De leraar waarschuwde* snel een collega, die met Willem naar de polikliniek van het universiteitsziekenhuis ging.
Daar bleek dat Willem meteen geopereerd moest worden: hij had blindedarmontsteking!

*zich vergissen = een fout maken, iets denken, dat <u>niet</u> zo is
*wat is er aan de hand = (hier) wat heb je? Vergelijk les 20
*de aardrijkskundeles = de les over alle landen en steden in de wereld
*waarschuwen — je kunt de politie waarschuwen wanneer je denkt dat je dieven in huis hebt

Vragen

1. Wanneer voelde Willem voor het eerst een vreemde pijn in zijn buik? ....
2. Dacht hij dat hij ziek was? ....
3. Wanneer kwam de pijn terug? ....
4. Wat vroeg de leraar toen Willem begon te huilen? ....
5. Gaf Willem de leraar antwoord? ....
6. Wat deed de leraar daarna? ....
7. Waar ging de collega van de leraar met Willem naar toe? ....
8. Wat bleek Willem te hebben? ....

Let Op:

	Van het werkwoord
Willem waste zich	<u>zich</u> wassen
Hij vergiste zich	<u>zich</u> vergissen
Hij voelde zich ziek	<u>zich</u> voelen

Werkwoorden zoals 'zich wassen', 'zich vergissen', 'zich voelen' heten *wederkerende werkwoorden.*
Een *wederkerend werkwoord* is een grammaticale uitdrukking
Bij een *wederkerend werkwoord* ondergaat het onderwerp (het subject) van de zin de actie van het werkwoord: *(voorbeeld)* Willem waste zich
— NIET zijn moeder waste hem, hij waste zichzelf

WOORDVOLGORDE

Willem <u>waste zich</u> Willem <u>waste zich</u> niet
Willem kan <u>zich vergissen</u> Willem kan <u>zich</u> niet <u>vergissen</u>
Hij moet <u>zich wassen</u> Hij hoeft <u>zich</u> niet te <u>wassen</u>

ik was me   *wij wassen ons*
jij wast je   *jullie wassen je*
u wast zich
hij wast zich   *zij wassen zich*
zij wast zich

Oefening:

Vul de juiste vorm in van het werkwoord dat tussen haakjes staat:

1. Wanneer je een nieuwe taal ... (leren), is het moeilijk om....... alle nieuwe woorden te........ (zich herinneren).
2. De meeste leerlingen.......... (zich vergissen) in het begin.
3. Soms.......... (moeten) je lang denken en je moet.... goed.... (zich concentreren).
4. Wanneer je .... (zich haasten = iets (te) snel doen), ... (gaan) het vaak fout.

(vervolg les 21)

Toen Willem in het ziekenhuis was, moest hij zich uitkleden*.
De dokter moest hem onderzoeken en hem natuurlijk een aantal vragen stellen*.

Dokter: Jij ziet er slecht uit*, jongen! Waar doet het pijn?
Willem: Hier rechts.
Dokter: Doet het rechts meer pijn dan links?

Willem:	Ja, nou en of.
Dokter:	Heb je vanmorgen minder gegeten dan normaal?
Willem:	Een boterham minder.
Dokter:	Wordt de pijn steeds erger, of is het net zo erg als op school?
Willem:	Nee, het wordt steeds erger.
Dokter:	Je hebt blindedarmontsteking. Kunnen we je ouders opbellen?
Willem:	Ja, het is het beste dat u mijn moeder opbelt. Mijn vader is free-lance fotograaf, ziet u, en hij is vaker weg dan mijn moeder. Ik weet het telefoonnummer van d'r winkel uit mijn hoofd: 76 48 52. Maar hoe laat is het?
Dokter:	Tien over twaalf.
Willem:	Oh gelukkig. Soms gaat ze eerder weg, maar nooit eerder dan half een.
Dokter:	De zuster moet haar dan maar gauw gaan bellen. En jij moet je nu ontspannen*. Ik ga je een injectie geven. Daar ga je van slapen. Wanneer je wakker wordt, is de operatie achter de rug*.

*je ziet er slecht uit — dit is een moeilijke, idiomatische constructie. Je kunt hem het beste uit je hoofd leren (zie voor andere constructies met 'er' les 22)

*zich uitkleden — het tegenovergestelde is 'zich aankleden' zich uitkleden = al je kleren uitdoen

*je ontspannen — van het werkwoord 'zich ontspannen = alles proberen te vergeten

*achter de rug = voorbij, klaar

Conversatie

Leerling A vraagt aan leerling B
a) of hij/zij als patiënt in een ziekenhuis is geweest
b) of hij/zij vindt dat je een patiënt beter in een ziekenhuis kunt verplegen dan thuis
c) of hij/zij vaak ziek is

Namen van een paar ziektes:
(de) griep, (de) oorontsteking, (de) keelontsteking, (de) maagpijn, (de) hoofdpijn, (de) verkoudheid

de hoofdpijn

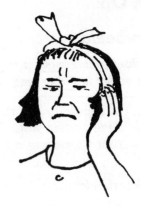

de oorpijn/de oorontsteking

de keelpijn/de keelontsteking

de verkoudheid

de buikpijn

de griep

Let Op:

Voorbeeld:

het doet rechts <u>meer</u> pijn <u>dan</u> links
mijn vader is <u>vaker</u> weg <u>dan</u> mijn moeder

Deze zinnen heten 'zinnen van vergelijking'.
In deze zinnen wordt 'iets' met iets anders vergeleken.
Je kunt de meeste adjectieven gebruiken in 'zinnen van vergelijking'.
Er zijn drie stadia:

Voorbeeld:

stadium 1	stadium 2	stadium 3
dit boek is leuk	*dat boek is leuker*	*maar zijn boek is het leukst*

Stadium 1 heet in de grammatica :<u>de stellende trap</u>
Stadium 2 heet in de grammatica :<u>de vergrotende trap</u> (comparatief)
Stadium 3 heet in de grammatica :<u>de overtreffende trap</u> (superlatief)

Hoe kun je stadium 2 en stadium 3 van een adjectief vormen?
-voor stadium 2 moet je **'er'** achter het adjectief zetten
-voor stadium 3 moet je **'st'** achter het adjectief zetten

Voorbeeld:

vuil (stadium 1)   stadium 2: vuil + 'er' = vuiler
                     stadium 3: vuil + 'st' = vuilst

In de voorbeeldzin hierboven staat: 'maar zijn boek is het
                     (spreek uit: 't) leukst'

Wanneer moet je 'het' voor stadium 3 van het adjectief zetten?
Je moet '<u>het</u>' voor stadium 3 van het adjectief zetten, wanneer dat
adjectief NĪET VLAK VOOR een 'de-woord' of 'het-woord' staat, maar
het <u>werkwoord</u> <u>volgt</u>.

Voorbeeld:

deze man is het snelst   MAAR de snelste man is Maarten Bos
                                  (NIET de het snelste man is Maarten Bos)

dat schilderij is het   MAAR het lelijkste schilderij is van Karel
lelijkst   (NIET het het lelijkste schilderij)

---

*Wanneer een adjectief als laatste letter een 'r' heeft, moet je voor
stadium 2 'der' toevoegen: -dat boek is duurder dan dit boek (van 'duu<u>r</u>')
                           -hij woont verder weg dan zij (van 've<u>r</u>')*

Let Op:

Sommige adjectieven hebben onregelmatige 'trappen van vergelijking' (stadium 2 en stadium 3)

Die moet je uit je hoofd leren:

$$
\begin{array}{lll}
\text{goed} & -\text{beter} & -(\text{'t) best} \\
\text{veel} & -\text{meer} & -(\text{'t) meest} \\
\text{weinig} & -\text{minder} & -(\text{'t) minst}
\end{array}
$$

Oefening:

Vul de juiste vorm in van het adjectief dat tussen haakjes ( ) staat:

1. (een klant) Welke tomaten zijn 't .... (goedkoop)
2. (de groenteman) De tomaten uit Italië zijn .... (duur) dan die uit Frankrijk. De Hollandse tomaten zijn nog steeds 't ..... (duur)
3. (klant) Ik begrijp niet waarom Hollandse tomaten altijd .... (veel) moeten kosten dan buitenlandse!
4. (groenteman) Tsja. De boeren in Italië verdienen nu eenmaal veel ..... (weinig) dan de boeren bij ons.
5. (klant) Toch vind ik de kwaliteit van de Hollandse tomaten 't ..... (goed)

Let Op:

> Je moet goed aan de spellingregels denken
> *Dus:* snel — stadium 2 = ?   snel + er = sneller NIET ~~sneler~~ (fout)
> Om de e 'kort' te houden, moet je een 'l' toevoegen
> vaak — stadium 2 = ?   vaak + er = NIET ~~vaaker~~ (fout)
> De a is automatisch lang voor 1 medeklinker + nog een lettergreep (zie blz. 8)

> Is de pijn <u>net zo</u> erg <u>als</u> op school?
> Je kunt ook zeggen:
> Is de pijn <u>even</u> erg <u>als</u> op school?

Oefening:

Voorbeeld: Is Willem <u>net zo</u> oud <u>als</u> Loes?   Nee, Willem is jonger <u>dan</u> Loes
of: Nee, Loes is ouder <u>dan</u> Willem

1. Is Amsterdam net zo groot als Delft?   Nee, ...
of: Nee, ...

2. Is Les 1 even moeilijk als Les 19?   Nee, ...
of: Nee, ...

3. Is een aap net zo mooi als een mens?   Nee, (of ja!) ....
of: Nee, (of ja!) ....

Les 22

Loes moest voor haar leraar geschiedenis een opstel schrijven over "Oorlog en Vrede in Nederland". Ze vond dat een moeilijk onderwerp en vroeg haar vader wat hij ervan vond.

Vader: Je kunt misschien beter over een bepaalde oorlog iets schrijven. Er zijn zo veel oorlogen geweest. Er is er vast wel een bij die je interessant vindt. Je kunt dan in je inleiding iets schrijven over de oorlog die je hebt uitgekozen, en daarna een algemene conclusie geven over "Oorlog en vrede". Wat denk je daarvan?

Loes: Ik vind het wel een goed idee. Maar welke oorlog moet ik dan nemen? Iedereen schrijft al over de Tweede Wereldoorlog, en daar wil ik niet over schrijven!

Vader: Er zijn genoeg andere oorlogen geweest! In de 16de en 17de eeuw de Tachtigjarige Oorlog tegen Spanje. Die oorlog vochten we om onafhankelijk te worden. Dat lukte* ook zodat we daarna de eerste "Republiek der Verenigde Nederlanden" kregen. Wat een mondvol*! Toen begon de Gouden Eeuw. Maar dat weet je toch wel?

Loes: Ja, met Rembrandt en Frans Hals en al die andere beroemde schilders. Nederland kreeg toen ook veel koloniën*, hè? In Oost-Indië* en Zuid-Afrika en zo.....?

Vader: Precies.

Loes: Maar daar wil ik niet over schrijven. Ik ben er niet trots op dat Nederland op die manier rijk werd.

Vader: Ach kind, alle landen deden dat toch, Engeland, Frankrijk en Portugal.....

Loes: Dat vind ik toch geen excuus.

Vader: Je kunt misschien ook de oorlog tegen Napoleon nemen. Die oorlog had tenminste ook wat goeie gevolgen.

(vervolg vader)

> De Fransen wilden dat iedereen een officiële* achternaam koos*. Ook kregen we toen een betere wetgeving*. Je kunt op die manier in je opstel aangeven dat een oorlog, vreemd genoeg, tot een betere economie kan leiden.

Loes: Ik vind mensenlevens veel belangrijker dan een goeie economie! Ik denk er nog wel eens over!

Liedje: De Zilvervloot (tekst op blz. xvi)

*dat lukte — dat had succes
*wat een mondvol — wat een lange naam!
*koos — van het sterke werkwoord kiezen.
*de wetgeving — elk land heeft zijn eigen 'wetgeving'. Je moet de wetten van dat land gehoorzamen (doen wat in die wetten staat). Bijvoorbeeld: in bijna elk land moet je een rijbewijs hebben om zelf een auto te besturen. Bijna elk land heeft een <u>wet</u> (de wet) die zegt dat je een rijbewijs moet hebben om een auto te besturen. Zo'n wet is een onderdeel van de <u>wetgeving</u>.

Let Op:

Spelling:

*Oost-Indië	je moet een trema (¨) boven een klinker schrijven
*koloniën	wanneer die klinker de <u>eerste letter</u> van een
*officiële	lettergreep is.

Dus: In — di — e   In = lettergreep
     ko — lo — ni — en   di = lettergreep etc.
     of — fi — ci — e — le

Het meervoud van idee is? ....ideeën!

Vragen

1. Wat moest Loes voor haar leraar geschiedenis schrijven? . . . .
2. Over welk onderwerp moest ze schrijven? . . . .
3. Zijn er veel oorlogen geweest in Nederland? . . . .
4. Welke oorlogen zijn er o.a. (onder andere) in Nederland geweest? . . . .
5. In welke eeuw vochten de Nederlanders tegen Spanje? . . . .
6. Is Nederland nog steeds een republiek? Nee, ... koninkrijk
7. Welke koloniën kreeg Nederland in de Gouden Eeuw? . . . .
8. Is Loes er trots op dat Nederland toen veel koloniën had? . . . .
9. Wat voor goede gevolgen had de oorlog tegen Napoleon? . . . .

Let Op:

In deze les komen heel veel zinnen voor met het woordje 'er' (uitspraak er of d'r). Het is erg moeilijk om dit woordje 'er' correct te gebruiken in het Nederlands. Er zijn vier categorieën:

1. Idiomatische uitdrukking met 'er'. Die moet je (helaas.....) uit het hoofd leren.

Voorbeeld: je ziet er slecht uit, jongen (blz. 87)

2. Het 'er' in de volgende zinnen heet het 'existentiële er'.
Het 'existentiële er' is een grammaticale uitdrukking; je krijgt dit existentiële er, wanneer het onderwerp (subject, zie blz. 80) onbepaald is. D.w.z. (dat wil zeggen) wanneer er geen 'de' of 'het' voor het onderwerp staat, maar een woord zoals, 'een', 'geen', 'veel', 'weinig' etc.

Voorbeeld: — er zijn niet veel goedkope hotels (blz 43)
— hoeveel lijsttrekkers zijn er dit jaar (blz. 47)
— ten noorden van de grote rivieren is er geen carnaval (blz 51)
— maar er is nog een probleem (blz. 65)
— er zijn niet veel créches (blz. 65)
— hoeveel geld zat er in je portemonnee (blz 76)
— ze vertelden dat er geen gevaar was (blz. 80)
— er zijn zo veel oorlogen geweest (blz 92)

3. Een voorzetsel (op, onder, achter, voor, naast etc.) + een de-woord/of het-woord kun je veranderen in: erop, eronder, erachter, ervoor, ernaast.

Voorbeeld: Waar ligt het boek? Ligt het op de tafel? Ja, het ligt erop (d'rop).

Oefening:

a. Waar ligt de krant?
   Ligt hij onder de tafel?
   Ja, hij................
b. Waar staat de stoel?
   Staat hij achter de tafel?
   Ja, hij................
c. Waar staat de kinderstoel?
   Staat die voor de tafel?
   Ja, die................
d. Waar staat de kast?
   Staat die naast de tafel?
   Ja, die................

Let Op:

Voorbeeld: Ligt de krant op de tafel? Nee, hij ligt er niet op, hij ligt eronder.

— Staat de stoel voor de tafel?   Nee, ...
— Staat de kinderstoel achter de tafel?   Nee, ...
— Staat de kast voor de tafel?   Nee, ...
— Ligt het boek onder de tafel?   Nee, ...

Conclusie

> er + voorzetsel moet je splitsen wanneer je een zin krijgt met 'niet'
> 'Niet' = een bijwoord
> Een bijwoord is een grammaticale uitdrukking
> Een bijwoord zegt iets over het <u>werkwoord</u> in de zin.

Voorbeeld: hij werkt snel — snel   = *een bijwoord; 'snel' zegt iets*
                                       over 'hoe' hij werkt
             hij werkt altijd — altijd = *een bijwoord; 'altijd' zegt*
                                       iets over 'wanneer' hij werkt

> *Regel:* Wanneer je een bijwoord krijgt in een zin, moet je er +
> prepositie in twee stukken splitsen *(er niet voor, er nooit achter, er altijd*
> *naast etc.)*

4. Dit is een 'subcategorie' van categorie 3:

Voorbeeld: — *ze vroeg haar vader wat hij ervan vond (blz 92)*
              — *ik ben er niet trots op (blz 92)*
              — *ik denk er nog wel eens over (blz 93)*

In deze zinnen krijg je 'er' vanwege het 'type' werkwoord dat je gebruikt:
          — vinden <u>van</u>
          — trots zijn <u>op</u>
          — nadenken <u>over</u>
Wanneer een werkwoord altijd een bepaald voorzetsel (prepositie) krijgt,
vind je in zinnen met zo'n werkwoord vaak een constructie met 'er'.

Voorbeeld:

Ik ben trots op mijn land — ik ben trots erop
MAAR LET OP: meestal moet je 'erop (ervoor etc.) in twee delen splitsen:
<u>*ik ben er trots op*</u> *(zie ook blz. 94, 3)*

In een vraagzin krijg je:
<u>*Waar*</u> *ben je trots op? (*<u>*waar*</u> *is de 'vraagvorm' van 'er')*
Antwoord:
Ik ben trots op mijn land <u>*of*</u> *ik ben er trots op* <u>*of*</u> *ik ben er niet trots op!*

Oefening:

Verander de volgende zinnen zoals het voorbeeld veranderd is:

Voorbeeld: ik schrijf niet over de Tweede Wereldoorlog — ik schrijf <u>er</u> <u>niet over</u>

1. Zij denkt niet over een goede economie ....
2. Jullie vechten niet tegen Frankrijk ....
3. Nederland werd rijk door zijn koloniën ....
4. De kinderen spelen niet met de telefoon ....
   (let op: met in combinatie met 'er' wordt 'ermee')
5. Oorlog kan tot een betere economie leiden ....
   (let op: tot in combinatie met 'er' wordt 'ertoe';
   meestal zeg je: "oorlog leidt ertoe dat.....")

Let Op:

In plaats van 'er' krijg je vaak 'hier' of 'daar'

Voorbeeld: ik ben **er** niet trots op — ik ben **hier** niets trots op
ik ben **daar** niet trots op
HIER en DAAR geven meer NADRUK dan ER

Conversatie

Leerling A vraagt aan leerling B
a) wat hij van oorlog vindt
b) of hij het eens is met Loes d'r vader, dat oorlog soms tot een betere economie leidt
c) of hij het eens is met Loes dat mensenlevens belangrijker zijn dan een goede economie
d) welke oorlogen er in zijn eigen land zijn geweest

Uitspraak:

Je kunt 'er' vaak uitspreken als <u>d'r</u>.
MAAR 'd'r' is <u>ook</u> de zwakke vorm van 'haar' (zie blz. 21)!!
<u>D'r</u> kan dus <u>twee</u> dingen betekenen.

Soms gebruik je 'er' wanneer je iets gaat kopen

Voorbeeld:

(bij de slager)

Slager: goeiemorgen mevrouw. Waarmee(!) kan ik u van dienst zijn?
Mevrouw: ik wil graag karbonaden
Slager: hoeveel wilt u er?
Mevrouw: ik wil er vier, alstublieft

In dit geval zegt de slager eigenlijk 'hoeveel wilt u ervan'?
In het Nederlands moet je 'van' weglaten.

Conversatie

Leerling A is groenteman (groenteboer)
Leerling B wil 2 kilo aardappels kopen, 1 pond spruitjes en 1 pond uien
Voer een gesprek

Conversatie

Leerling A is melkman (melkboer)
Leerling B wil 5 eieren kopen, 2 liter melk en 3 pakjes margarine
Voer een gesprek

Conversatie

Leerling A is drogist
Leerling B wil aspirine kopen (2 doosjes)

DOE HET BOEK DICHT TIJDENS
          HET GESPREK!

Les 23

Meneer van Dijk moet vandaag naar Groningen. Hij moet daar foto's maken van de bruiloft* van zijn neef*, maar het giet van de regen* en hij heeft niet veel zin om met de auto te gaan. Als het regent zijn de wegen erg glad en gebeuren er veel ongelukken op de weg.

Meneer van Dijk: Ik wou dat het niet altijd regende, juist wanneer ik een eind moet rijden.

Mevrouw van Dijk: Waarom ga je dan niet met de trein?

Meneer van Dijk: Als ik met de trein ga, kan ik onmogelijk al mijn apparatuur meenemen!

Mevrouw van Dijk: Dat zou best kunnen, als je het allemaal in een grote koffer pakte.

Meneer van Dijk: Ach, dat zou veel te zwaar worden. Als ik dat deed, zou ik al uitgeteld* zijn voordat ik aan mijn werk begon ....

*de bruiloft = het feest dat een man en een vrouw geven wanneer ze trouwen;

*de neef — a) de zoon van een broer van meneer van Dijk

of

b) de zoon van een oom van meneer van Dijk

de neef = een jongen; de nicht = een meisje (de dochter van een broer of de dochter van een oom en tante!)

*het giet van de regen = het regent erg hard

*uitgeteld = (spreektaal!) — het betekent 'erg moe'

Vragen

1. Waar moet meneer van Dijk vandaag naar toe? . . . .
2. Wat moet hij in Groningen doen? . . . .
3. Waarom heeft hij niet veel zin om met de auto te gaan? . . . .
4. Wanneer zijn de wegen erg glad? . . . .
5. Waarom gaat hij niet met de trein? . . . .
6. Vindt zijn vrouw dat hij met de trein kan gaan? . . . .
7. Is meneer van Dijk het met zijn vrouw eens? . . . .
8. Wat zegt hij aan het einde van hun gesprek? . . . .

Let Op:

Als het regent zijn de wegen erg glad = _wanneer_ het regent zijn de wegen erg glad

In zinnen in de tegenwoordige tijd kun je _als_ vervangen door _wanneer_

Als het regent zijn de wegen erg glad	_als_ & _wanneer_ zeggen
Wanneer het regent zijn de wegen erg glad	hier iets over 'TIJD'

Als ik met de trein ga, kan ik onmogelijk al mijn apparatuur meenemen/
Wanneer ik met de trein ga, kan ik onmogelijk al mijn apparatuur
meenemen

ALS ZEGT HIER NIET IETS OVER TIJD, MAAR OVER VOORWAARDE

Als ik met de trein ga, dan.....(implicatie: maar ik heb nog niet besloten om met de trein te gaan; misschien ga ik niet!)

Hoe kun je weten of je met 'als/wanneer' (tijd) of met 'als' (voorwaarde) te maken hebt in een zin?

Vergelijk de volgende zinnen:

Wanneer	ik in Amsterdam ben, ga ik altijd	ik weet zeker dat ik met
Als	met de tram =	de tram ga, omdat ik altijd met de tram ga wanneer ik in Amerstdam ben (TIJD)

Als ik naar Amsterdam ga, kan ik misschien de tram nemen = ik weet nog niet zeker of ik naar Amsterdam ga, maar 'als' ik ga, neem ik misschien de tram! (VOORWAARDE)

De vorige voorbeelden stonden allemaal in de tegenwoordige tijd. Maar wat krijg je, wanneer de zinnen in de verleden tijd staan?

Voorbeeld:

Dat zou _best_ kunnen, _als je het allemaal in een grote koffer_ pakte
Als ik dat deed, zou _ik al uitgevloerd_ zijn, _voordat ik aan mijn werk_ begon

Let Op:

Als ik dat deed = _als ik dat_ zou doen
Als + _verleden tijd_ = _een 'onvervulde conditie'_, m.a.w. (met andere woorden) als ik dat deed, maar ik doe het absoluut niet! 'het doen' BLIJFT 'onvervuld'.

Als ik veel geld had, kocht ik een bontjas, MAAR IK HEB NIET VEEL GELD! 'de voorwaarde blijft onvervuld'
Als het niet regende, zou ik naar de bioscoop kunnen gaan, MAAR HET REGENT WEL!

Als ik veel geld had, kocht ik een sportauto

Mogelijke variaties:
Als ik veel geld zou hebben, kocht ik een sportauto
of
Als ik veel geld had, zou ik een sportauto kopen

Conclusie

In een zin met 'als + verleden tijd' (onvervulde voorwaarde), krijg je in de hoofdzin (of in de bijzin) een verleden tijd en in de bijzin (of hoofdzin) zou/zouden (van het werkwoord zullen) + het hele werkwoord.

Oefening:

Maak van de volgende stukken zin 1 zin met behulp van het woordje 'als' of het woordje 'wanneer'
Let goed op of de zin in de tegenwoordige tijd staat of in de verleden tijd

1. ik had veel geld   ik zou een ijskast kopen
2. we kunnen op vakantie gaan   we gaan misschien naar Turkijë
3. zij doen dat   ze leren niets
4. jullie zouden oma niet opbellen   ze werd erg kwaad
5. mijn buik deed pijn   ik zou naar een dokter gaan
6. hun poes was weg   ze zouden erg schrikken
7. hij geeft een feest   hij vraagt al zijn vrienden
8. zijn portemonnee was gestolen   hij zou naar de politie gaan

(vervolg les 23)

Toen meneer van Dijk halverwege de weg Assen-Groningen was, kreeg hij pech met zijn auto. Gelukkig kon hij nog op tijd aan de kant parkeren. Ongeveer 50 meter verderop zag hij een Praatpaal* van de A.N.W.B.*. Hij liep er naar toe en meldde zich bij de wegenwacht. De radiokamer van de wegenwacht stuurde snel hulp, binnen tien minuten was er iemand om hem te helpen.
Er was iets fout met de ontsteking! Hoewel meneer van Dijk de auto regelmatig een servicebeurt liet geven, en de auto elke drie maanden

werd doorgesmeerd*, bleek dat er nieuwe contactpuntjes nodig waren. Ondanks de regen en de pech onderweg was meneer van Dijk gelukkig toch nog op tijd om foto's te maken van de bruiloft.

*de Praatpaal =   een soort telefooncel die automatisch (zonder geld) werkt; je kunt via een Praatpaal een ongeluk melden of pech met de auto

*de A.N.W.B. =   een organisatie voor automobilisten en fietsers

*doorgesmeerd —   van het werkwoord 'doorsmeren'. Doorsmeren = de auto 'oliëen', olie of vet aanbrengen

Let Op:

Hoewel hij de auto regelmatig een servicebeurt liet geven, bleek dat er nieuwe contactpuntjes nodig waren
en
Ondanks de regen en de pech onderweg, was hij toch nog op tijd om foto's te maken

Meer voorbeelden:

Hoewel het laat was, gingen ze <u>toch nog</u> naar het café.
Hoewel het regende, gingen we <u>toch</u> naar de bioscoop.
Ondanks de regen gingen ze <u>toch</u> naar de bioscoop.
Ondanks de slechte economie koopt <u>toch</u> iedereen een kleurentelevisie.

Dus:
    hoewel + *'hele zin'*
    ondanks + *'de-woord of het-woord'*

Oefening:

Maak van de volgende stukken zin 1 zin met behulp van het woordje 'hoewel' of met behulp van het woordje 'ondanks'.

1. het mooie weer   ze blijven toch thuis
2. het is prachtig weer   iedereen blijft toch thuis
3. er gaan veel treinen naar Arnhem   hij gaat toch met de auto
4. de goede treindiensten   zij gaan met de bus

Conversatie

Leerling A heeft een lekke band. Hij weet niets van auto's; hij is erg a-technisch. Hij vraagt een andere automobilist om hulp.
Leerling B is getrouwd met leerling C: samen zijn ze op weg naar IJmuiden. Ze zien de man met de lekke band. Hij (leerling B) wil stoppen, zij (leerling C) niet, omdat ze bang is voor vreemde mannen.....
Ze stoppen toch en helpen de man.
Eerst een gesprekje tussen het echtpaar (leerling B en C); dan een gesprek tussen de man met pech (leerling A) en het echtpaar.

Les 24

Loes had haar Turkse vriendin Fatma uitgenodigd* om bij haar te komen eten.

Loes d'r moeder had weinig tijd gehad om boodschappen te doen. Daarom had ze besloten om een makkelijk, maar echt 'Hollands' maal* klaar te maken: bruine bonen met spek*, aardappels en yoghurt met vla als toetje*.

Toen ze aan tafel zaten, was Loes erg kwaad op haar moeder, omdat Fatma als Moslemse natuurlijk geen spek mocht* eten.

Maar Loes d'r moeder was in haar haast vergeten dat varkensvlees voor Moslems verboden is.

Er was zo veel, dat ze niet eens alles konden opeten. De rest ging terug naar de keuken.

Toen kwam de yoghurt met de vla op tafel.

"Dat heet een vlaflip", zei Loes, "er zit yoghurt in met vla en limonadesiroop".

"Wat gek", zei Fatma, "wij eten yoghurt alleen bij het eten en nooit erna!"

*uitgenodigd — van het werkwoord' uitnodigen' = vragen (voor een feest, voor een diner etc.)

*het maal = het gerecht. 'Macaroni met kaas' is een 'gerecht'

Typisch 'Hollandse' gerechten zijn: zuurkool met worst
erwtensoep
stamppot boerenkool
(in een café) kroketten & bitterballen
(de) uitsmijter

*het spek = de bacon — een stuk vlees van een varken

*het toetje = het dessert; datgene dat je na de hoofdmaaltijd eet

*mocht = de verleden tijd van 'mogen'

eet smakelijk!

jij ook!

Vragen

1. Had Loes een Surinaamse vriendin uitgenodigd? . . . .
2. Wat had Loes d'r moeder besloten om te koken? . . . .
3. Waarom was Loes kwaad op haar moeder? . . . .
4. Konden ze alles opeten? . . . .
5. Wat gebeurde er met de rest van het eten? . . . .
6. Wat hadden ze als toetje? . . . .
7. Wat zei Fatma toen ze het toetje zag? . . . .

Let Op:

Loes <u>had</u> Fatma uitgenodigd
Haar moeder <u>had</u> weinig tijd <u>gehad</u>
Ze <u>had</u> besloten om (besloten = van het sterke werkwoord 'besluiten')
Maar Loes d'r moeder <u>was</u> in haar haast <u>vergeten</u> dat

Deze zinnen staan in de <u>voltooid verleden tijd</u> (v.v.t.)
De voltooid verleden tijd is een grammaticale uitdrukking
Vergelijk deze zinnen met de voorbeelden in les 15
Wanneer gebruik je de v.v.t.?
Je gebruikt de v.v.t. wanneer je wilt zeggen: het is gebeurd <u>voordat</u>
er nog iets anders gebeurde

Voorbeeld:

                1   2
Toen ik een krant <u>gekocht had</u>, ging ik naar huis

                1   2
Ik <u>had</u> dat woord wel <u>geleerd</u>, maar ik <u>kon</u> het me niet meer herinneren (zich herinneren!)

Stukje 1 en stukje 2 gebeuren allebei in de verleden tijd (zie blz. 69), maar stukje 1 gebeurt nog voor stukje 2.

Hoe kun je de v.v.t. vormen?
Om de v.v.t. te vormen moet je de <u>verleden tijd</u> van 'hebben' of 'zijn' gebruiken **+** het voltooid deelwoord van een werkwoord (zie blz. 58)

Dus:

ik had	wij hadden		ik was	wij waren
jij had	jullie hadden	**+**	jij was	jullie waren
u had	zij hadden	VOLTOOID	u was	zij waren
hij had		DEELWOORD	hij was	
zij had			zij was	

Oefening:

Herhaal eerst de oefening op blz. 60. Zeg dan de volgende zinnen in de v.v.t

1. Jullie eten zuurkool met worst   . . . .
2. Ging u naar Leeuwarden?   . . . .
3. Is zij ziek?   . . . .
4. Wij zijn bij opa op bezoek geweest.   . . . .
5. Kopen ze een nieuwe kast?   . . . .
6. Heeft tante Ineke de auto geleend?   . . . .
7. Waar woonde u eerst?   . . . .
8. Luisterden de kinderen beter dan de
   volwassenen?   . . . .
   (de volwassene = iemand die ouder is dan 18)

2

Wat dom!

1

Wat een mooie vrouw!

Wat raar!

4

Wat een vervelende vent is dat!

3

Let Op:

ik mag van vader naar de film hij mag van moeder een boek kopen	mag = van het werkwoord 'mogen' = toestemming hebben, permissie hebben

tegenwoordige tijd	*verleden tijd*
ik mag	ik mocht
jij mag	jij mocht
u mag	u mocht
hij mag	hij mocht
zij mag	zij mocht
wij/jullie/zij mogen	wij/jullie/zij mochten

Conversatie

Leerling A vraagt aan leerling B
a) wat voor eten hij/zij lekker vindt
b) of hij/zij anders eet dan de Nederlanders
c) wat hij/zij vanavond gaat eten

Woordenlijst

(schrijftaal)	(spreektaal)
voorgerecht (het)	iets vooraf
hoofdgerecht (het)	het eten
nagerecht (het)	het toetje/iets toe
dessert (het)	

-de soep: de tomatensoep, de groentesoep, de kippesoep

-de groenten: de sla, de bloemkool, de wortels, de bonen (de boon), de spruitjes (het spruitje), de tomaten (de tomaat), de komkommer, de spinazie, de aardappels (of: de aardappelen)

-het vlees: het rundvlees, het varkensvlees, het lamsvlees, het schapevlees de kip, het konijn

-de melkprodukten: de eieren (het ei)/de omelet, de yoghurt, de vla, de pudding, de kaas

-het fruit (zie blz. 55)

-het ijs

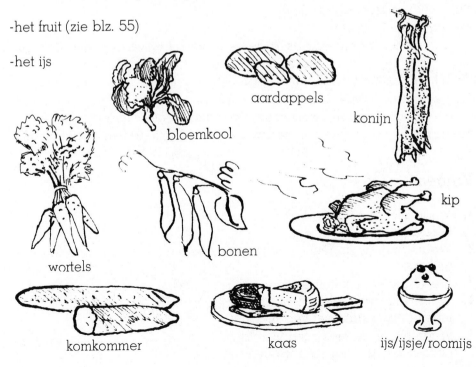

aardappels

konijn

bloemkool

kip

bonen

wortels

komkommer

kaas

ijs/ijsje/roomijs

Les 25

Mevrouw van Dijk tegen meneer van Dijk:
"Wat ik nou in de krant lees! Geweldig!"

De regering gaat maatregelen treffen* tegen onnodige proefnemingen* met dieren in laboratoria.
Zij zullen vooral die proeven tegengaan, die de dieren nodeloos* pijn veroorzaken*.
De kosmetische industrie zal zich waarschijnlijk hevig* tegen deze maatregel verzetten*, hoewel er weinig kans is dat de regering in dit stadium nog van gedachten zal veranderen.
De medische wereld zal in mindere mate* worden getroffen door de nieuwe wetgeving* omdat proefnemingen om medische redenen zullen worden toegestaan*, zodat projecten als het kankeronderzoek niet getroffen* zullen worden.

*maatregelen treffen — je kunt ook zeggen 'maatregelen nemen'
　　　　　　　　 je neemt bijvoorbeeld maatregelen tegen
　　　　　　　　 zakkenrollers door je tas goed dicht te doen
*de proefneming = de test
*nodeloos = zonder dat het nodig is
*pijn veroorzaken = pijn geven
*hevig = heel erg
*zich verzetten tegen — in de 16de eeuw verzetten (= verleden tijd!) de
　　　　　　　　　　 Nederlanders zich tegen Spanje
*in mindere mate (schrijftaal) = (spreektaal) minder
*de wetgeving — zie woordenlijst les 22, blz. 93
*toegestaan — van het werkwoord 'toestaan' = permitteren
*getroffen — van het sterke werkwoord 'treffen' (trof-troffen — getroffen)

Vragen

1. Vindt mevrouw van Dijk het kranteartikel...................... vervelend?
2. Waar gaat de regering maatregelen tegen...................... treffen?
3. Welke proeven zullen ze vooral tegengaan? ....
4. Welke industrie zal zich waarschijnlijk hevig...................... tegen deze maatregel verzetten?
5. Waarom zal de medische wereld in mindere...................... mate door de maatregel worden getroffen?

Let Op:

> *De regering <u>gaat</u> maatregelen treffen*
> *Zij <u>zullen</u> die proeven tegengaan, die*
> *De kosmetische industrie <u>zal</u> zich waarschijnlijk verzetten tegen*
>
> Deze zinnen staan allemaal in de toekomende tijd.
> De toekomende tijd is een grammaticale uitdrukking.
> Je gebruikt de toekomende tijd wanneer je wilt zeggen: het gebeurt
> niet nu, maar het gebeurt morgen, volgend jaar, in 2009!

Maar:

Je kunt de <u>toekomende tijd</u> ook op een andere manier gebruiken:

Voorbeeld: je zal het doen of je wilt of niet!

Dus: wanneer je iemand een bevel geeft.

Let Op: je kunt iemand ook een bevel geven door de stam van een werkwoord te gebruiken:

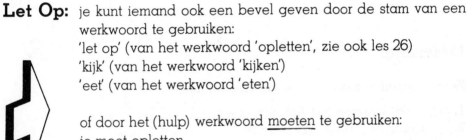

'let op' (van het werkwoord 'opletten', zie ook les 26)
'kijk' (van het werkwoord 'kijken')
'eet' (van het werkwoord 'eten')

of door het (hulp) werkwoord <u>moeten</u> te gebruiken:
je moet opletten
je moet kijken
je moet eten

Oefening:

Je (u) loopt met je (uw) hond op straat

Zeg tegen de hond   a)   dat hij moet stil staan......................

                                    b)   dat hij moet gaan zitten.......................

                                    c)   dat hij moet blaffen ....

Het is niet altijd noodzakelijk om voor een toekomende zin in het Nederlands de (hulp)werkwoorden 'gaan' en 'zullen' te gebruiken!

Voorbeeld:

je kunt zeggen: hij komt morgen   en hij zal morgen (wel) komen
                zij begint morgen   en zij gaat morgen beginnen/zij zal morgen beginnen

WOORDVOLGORDE: het hele werkwoord gaat naar het einde van de zin

tegenwoordige tijd	verleden tijd (les 23, blz. 98)
ik zal	ik zou
jij zal/jij zult — zal jij/zul jij	jij zou
u zal/u zult	u zou
hij zal	hij zou
zij zal	zij zou
wij zullen	wij zouden
jullie zullen	jullie zouden
zij zullen	zij zouden

Oefening:

Zet de volgende zinnen in de toekomende tijd:

1. Hij vindt werk op het Arbeidsbureau.   ....
2. Je schrijft een brief aan je vader.   ....
3. We komen overmorgen.   ....
4. Luisteren jullie naar de radio?   ....
5. Vergeet u het niet?   ....

Let Op:

Wanneer je een zin hebt met nog een ander hulpwerkwoord (moeten, willen, mogen, worden) krijg je de volgende woordvolgorde:
niemand kan haar werk snel leren — niemand zal haar werk snel kunnen leren
vader wil misschien een foto maken — vader zal misschien een foto willen maken
je moet veel betalen voor een crèche — je zal veel voor een crèche moeten betalen

Maar:

de brand wordt geblust	— de brand zal geblust <u>worden</u>
	of
	de brand zal <u>worden</u> geblust!
de brand wordt door de brandweer geblust	— de brand zal door de brandweer <u>worden geblust</u>
	of
	<u>geblust worden</u>

Oefening:

Zet de volgende zinnen in de toekomende tijd:

1. Hij wil misschien de rekening niet betalen. . . . .
2. Wij kunnen het niet doen. . . . .
3. De kinderen mogen niet naar de t.v. kijken. . . . .
4. De bejaarden worden geholpen door de zuster. . . . .
5. De hond moet gewassen worden. . . . .
   gewassen moeten worden(!)

Let Op:

NIET	GEEN
ik heb een kat; ik hou van mijn kat	
ik <u>hou niet</u> van een kat	ik heb <u>geen kat</u>
hij heeft een hond; hij wast z'n hond	
hij <u>wast</u> z'n hond <u>niet</u>	hij heeft <u>geen hond</u>

CONCLUSIE: voor de-woorden & het-woorden moet je GEEN gebruiken

om werkwoorden te ontkennen moet je NIET gebruiken

Oefening:

Vul in 'niet' of 'geen':

1. Vroeger had mevrouw Visser.....hulp nodig.
2. Ze is nu te oud en kan haar flat.....zelf schoonmaken.
3. Ze heeft.....man meer.
4. Die leeft.....meer.
5. Ze woont.....meer thuis; ze woont nu in een bejaardentehuis.
6. Eerst vond ze dat.....leuk, omdat ze.....vrijheid meer had.
7. Maar nu is ze erg gelukkig, omdat ze.....meer zelf hoeft te koken.

Conversatie

Leerling A vraagt aan leerling B
a) of hij een hond of een kat heeft (of hij/zij huisdieren heeft)
b) of hij/zij het goed vindt dat dieren voor proefnemingen gebruikt worden
c) of hij/zij het eens is met de regering dat de medische wereld wel dieren voor proefnemingen kan gebruiken
d) waarom hij/zij dat vindt

's Zondags gaat het gezin van Dijk vaak op bezoek bij familie. Ze gaan meestal naar de jongste zus van mevrouw van Dijk, die twee kinderen heeft van 4 en 3, Keesje en Annemarie. Loes moest nog veel huiswerk maken en is deze keer thuis gebleven. Willem is eigenlijk een beetje te oud om met zijn neefje en nichtje te spelen, maar hij is natuurlijk te jong om met de ouderen te praten. Gelukkig is er een goede oplossing: hij kan ze een verhaaltje voorlezen. Ze hebben een sprookjesboek met Nederlandse sprookjes waarvan hij er een kiest, "Het vrouwtje van Stavoren".

...er was eens, heel lang geleden, in het plaatsje Stavoren, dat toen nog aan de Zuiderzee lag, een heel rijk vrouwtje. Ze bezat* alle schepen en scheepjes die vanuit Stavoren over de zee naar verre landen gingen. Op een dag vroeg ze aan haar kapiteins om haar het mooiste te brengen dat er in de hele wereld te koop was.

De eerste kapitein kwam terug met juwelen: ringetjes van goud en zilver, armbanden en kettinkjes vol diamanten.

De tweede kapitein had de prachtigste stoffen* gekocht, linnen, fluweel en damast, maar de derde kapitein kwam met een schip vol graan.

'Dat is het mooiste op de wereld', zei hij, 'omdat we daar brood van bakken en zonder brood kan geen mens leven'. Toen het vrouwtje dat hoorde, werd ze zo kwaad dat ze beval* om al het graan in de zee te gooien.

De mensen van Stavoren die niet zo rijk waren als zij, vonden dat heel erg en schreeuwden* dat het slecht zou aflopen* met haar. Daarop gooide het vrouwtje haar ring in het water en zei:

'Wanneer ik die ring weer zie, zal ik jullie geloven'. Een paar jaar later, op een kwade dag, had haar dienstmeisje

vis klaargemaakt. Toen het vrouwtje de vis opensneed*, schrok ze vreselijk: daar in de maag van de vis zag ze de ring!

Vanaf die dag begon het graan, dat in de haven was gegooid, te groeien. Na een paar jaar was de hele haven volgegroeid*. De schepen en scheepjes van het vrouwtje konden niet meer wegvaren en zo werd ze steeds armer. Iedereen ging weg uit Stavoren en het vrouwtje werd zo arm, dat ze al haar ringetjes en jurken moest verkopen totdat ze niets meer over had en doodging van de honger.....

*bezat — van het sterke werkwoord 'bezitten' = hebben
*de stof — jurken, broeken, ondergoed zijn gemaakt van stof
  maar het stof — je moet het huis vaak stofzuigen, omdat er stof ligt
*beval — van het sterke werkwoord 'bevelen': beval (korte 'a') bevalen
              (lange 'a') — heeft bevolen
*schreeuwden — van het zwakke werkwoord 'schreeuwen' = heel hard
              praten
*het zou slecht aflopen met haar = haar leven zou een slecht einde hebben
('zou': zie les 23, blz. 99)
*opensneed — van het sterke werkwoord 'opensnijden'. Dit is een
              'samengesteld' werkwoord (zie les 28): open — snijden
  snijden — sneed/sneden — heeft gesneden
*volgegroeid — van het zwakke 'samengestelde' werkwoord 'volgroeien':
              groeide/groeiden vol — is/zijn volgegroeid.

Vragen

1. Wat doet het gezin van Dijk 's zondags? . . . .
2. Naar wie gaan ze het vaakst? . . . .
3. Waarom is Loes deze keer thuis gebleven? . . . .
4. Wat doet Willem? . . . .
5. Welk verhaaltje leest hij voor? . . . .
   (voorlezen = samengesteld werkwoord, zie . . . .
   les 28)
6. Waar ligt het plaatsje Stavoren? . . . .
7. Wat had het vrouwtje van Stavoren? . . . .
8. Wat vroeg ze aan haar kapiteins? . . . .
9. Wat bracht de eerste kapitein? . . . .
10. En de tweede? . . . .
11. Was het vrouwtje het eens met de derde
    kapitein dat graan het mooiste is op de hele
    wereld? . . . .
12. Wat deed ze met het graan? . . . .

13. Wat deden de mensen van Stavoren? . . . .

14. Wat maakte het dienstmeisje op een kwade
dag klaar? ('klaarmaken' = samengesteld
werkwoord, les 28) . . . .

15. Wat vond ze in de maag van de vis? . . . .

16. Wat deed het vrouwtje met haar ringetjes
en jurken? . . . .

17. Had ze genoeg geld om eten te kopen? . . . .

Let Op:

twee jonge kinderen, Kees<u>je</u> en Annemarie
Willem is te oud om met zijn neef<u>je</u> en zijn nicht<u>je</u> te spelen
hij kan ze een verhaalt<u>je</u> voorlezen
ze had alle schepen en scheep<u>jes</u>
hij bracht ringet<u>jes</u> van goud en zilver
het vrouwt<u>je</u> werd steeds armer

De-woorden/het-woorden **+** -je/-tje/-etje/-pje heten
<u>verkleinwoorden.</u>
Verkleinwoord is een grammaticale uitdrukking.
Het Nederlands heeft erg veel verkleinwoorden.
Belangrijke regel: ALLE NEDERLANDSE VERKLEINWOORDEN ZIJN
HET-WOORDEN!
Wanneer moet je verkleinwoorden gebruiken?
a) meestal wanneer je over iets praat dat erg klein is (voorbeeld:
Keesje, 4 jaar)
b) veel Nederlanders gebruiken verkleinwoorden wanneer ze <u>met</u>
<u>liefde</u> over iets praten:

> ik heb een leuk tuintje
> mijn dochter heeft haar eerste vriendje
> ('vriendje' = vaste vriend, iemand met wie ze
> misschien gaat trouwen)

Hoe vorm je het verkleinwoord van een de-woord/het-woord?

---

1. de meeste woorden krijgen   -je
2. woorden met als laatste letter een klinker of een 'w' krijgen -tje
(vrouwtje)
3. woorden met als laatste letter een klinker of l, n, r krijgen -tje:
verhaaltje
4. woorden met als laatste letters een 'korte klinker' **+** l, m, n, ng of r
krijgen -etje: ringetje
5. woorden met als laatste letter een m krijgen -pje: boompje

---

Oefening:

Vorm de verkleinwoorden van alle de-woorden/het-woorden in de volgende zinnen:

1. Er was eens een . . . . . (de man), dat woonde in een . . . . . (de boom).
2. Elke dag kwamen er drie . . . . (de vogel).
3. Zij gingen naar het . . . . (de deur) van zijn . . . . (het huis).
4. Dan zongen ze een . . . . (het lied).
5. Ze kregen van het . . . . (de man) dan een . . . . (het kado/het cadeau).

Let Op:

Wat is het verkleinwoord van 'het verhaal'?	Het verhaaltje
Wat is het meervoud van 'het verhaal'?	De verhalen
Wat is het verkleinwoord van 'de verhalen'?	De verhaaltjes!

's zondags		zondags		op elke zondag
's maandags		maandags		op elke maandag
's dinsdags		dinsdags		op elke dinsdag
's woensdags	maar meestal	woensdags	=	op elke woensdag
's donderdags	zie je	donderdags		op elke donderdag
's vrijdags		vrijdags		op elke vrijdag
's zaterdags		zaterdags		op elke zaterdag

Conversatie

Leerling A vraagt aan leerling B
a) of hij het verhaal van het vrouwtje van Stavoren al kende
b) of hij een verhaal uit zijn eigen land kent dat hetzelfde is
c) of hij misschien een sprookje kan vertellen

Namen van een paar sprookjes:

Doornroosje
Roodkapje
Hans en Grietje
Sneeuwitje en de zeven dwergen

Les 27

Moeder:	Zeg Willem, kun je de radio niet wat zachter zetten?
Willem:	Ja maar de plaat die ze nu uitzenden, vind ik net zo goed. Ik wil hem graag horen. Jij vindt hem zeker niet mooi, hè?
Moeder:	Je weet best wel dat ik niet zo van moderne popmuziek hou. Hé zeg, doe nou wat ik je vraag. Bovendien zit Loes piano te oefenen. Op die manier kan ze niet eens horen wat ze speelt.
Willem:	Altijd die klassieke muziek. Loes houdt ook niet van Mozart en Beethoven, hoor! Ze luistert veel liever naar mijn popplaten*.
Moeder:	Toch moet ze haar toonladders* studeren. En vergeet jij niet dat je naar fluitles* moet morgen?
Willem:	Hè? Naar fluitles?
Moeder:	Dat was je toch niet vergeten? Loes heeft op de muziekschool een afspraak* voor je gemaakt.
Willem:	Ik wil alleen fluitles, als ik ook jazz leer spelen.
Moeder:	Dat moet je maar aan je leraar vragen, hoor! Ik denk dat je eerst wel wat techniek moet leren. En zet nu eindelijk die radio eens wat zachter!

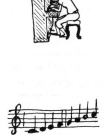

*de popplaat — komt van 'popmuziek' en grammofoonplaat
              Er zijn langspeelplaten ('elpees') en 'singletjes!'
*de toonladder — de toonladder in C majeur en C mineur etc.
              Behalve toonladders moet je meestal ook <u>accoorden</u>
              (het accoord) oefenen
*fluitles — dit kan zijn: blokfluitles of dwarsfluitles

*de afspraak — je kunt een <u>afspraak maken</u> met de dokter, met de directeur
              van de bank, met je vriendinnetje

Vragen

1. Waar praten Willem en moeder over? . . . .
2. Wat voor muziek vindt Willem mooi? . . . .
3. Wat voor muziek vindt moeder mooi? . . . .

4. Wat doet Loes? ....

5. Waar moet Willem morgen naar toe? ....

6. Vindt hij het leuk om fluitles te krijgen? ....

7. Wat voor soort muziek wil hij leren spelen? ....

8. Wie heeft de afspraak met de fluitleraar gemaakt? ....

9. Heeft Willem aan het einde van het gesprek de radio al zachter gezet? ....

Let Op:

je vindt hem zeker niet mooi, hè?

Loes houdt ook niet van Mozart en Beethoven, hoor!

Dat moet je maar aan je leraar vragen, hoor!

> hè aan het einde van een zin betekent: 'ik weet het bijna zeker, maar net niet belemaal.....'

Voorbeeld:

-het regent zeker, hè? (implicatie: het regent elke dag al, ik kan me niet voorstellen dat het niet regent)

-hij was zeker te laat, hè? (implicatie: hij komt altijd te laat, dus hij is zeker nu ook weer te laat gekomen)

-de poes is zeker in de kamer, hè? (implicatie: ik zie de poes niet in de keuken, dus hij zit waarschijnlijk in de kamer)

> hoor aan het einde van een zin versterkt de bewering van de zin (meestal zinnen met 'moeten')

Voorbeeld:

— dat moet je niet vergeten, hoor!

— dat moet je doen, hoor!

— vitaminen zijn goed voor je, hoor!

en zelfs:

—niet vergeten, hoor!

—doen, hoor!

Oefening:

Verander de volgende zinnen zoals het voorbeeld veranderd is:

hij gaat met de auto — hij gaat met de auto, hè? Antwoord: ja, inderdaad

1. Zij gaat een lamp kopen ....

2. Jij leest de Telegraaf* (*= de naam van een krant) ....

3. Zij leest toch niet de N.R.C.* (*= volledige naam: N.R.C. -Handelsblad) ....

4. Jullie lezen de Volkskrant* toch wel
(*   de naam van een krant)   . . . .

*kranten: het Parool (Amsterdamse krant, vrij links)
             de Telegraaf (sensatiekrant)
             het Algemeen Dagblad (sensatiekrant)
             het N.R.C. - Handelsblad (kwaliteitskrant)
             de Volkskrant (linkse krant)
             de Trouw (Christelijke krant)

> h<u>è</u> kan ook aan het begin van een zin staan: dat drukt <u>verbazing</u> uit

Voorbeeld:

hè, is hij al thuis?
hè, leest hij de Telegraaf? Ik dacht dat hij de Volkskrant las.

> h<u>é</u> aan het begin van een zin trekt de aandacht van degene met wie je
> wil spreken. <u>Het is niet zo beleefd</u> om op die manier een zin te
> beginnen.

Voorbeeld:

hé, luister naar je leraar!
hé, kijk uit waar je loopt!

> <u>nou</u> en <u>zeg</u> aan het begin van een zin zijn 'stopwoorden'. Ze hebben
> geen echte betekenis, maar geven de spreker tijd om na te denken.

Voorbeeld:

nou, maar ik vind dat die spijkerbroek erg duur is!
zeg, weet je al dat hij naar Groningen gaat?

Conversatie

Leerling A vraagt aan leerling B
a) of hij de instrumenten op deze bladzijde kent
b) of er in zijn land andere muziekinstrumenten bestaan
c) of hij van popmuziek houdt
d) of hij meer van klassieke muziek houdt
e) of hij zelf een instrument kan <u>bespelen</u>
    (ja/nee, ik <u>speel</u> piano/geen <u>piano</u> etc.)

de gitaar

de viool

de cel/de cello

de trompet

de platenspeler

117

	Willem:	Waar gaan we dit jaar naar toe met vakantie?
	Loes:	Dat is toevallig! Daar zit ik ook net aan te denken. Mam, ik wil graag naar een zeilschool. Mag dat?
	Moeder:	Dat hangt ervan af hoe duur het is.
	Vader:	Willem, heb jij wel zin om met ons mee te gaan? Of wil je liever bij oma logeren?
	Willem:	Als ik een vriendje mee mag nemen, ga ik liever met jullie mee.
	Moeder:	Als Loes niet meegaat, hebben we nog een plaats over in de auto. Dat kan dus wel.
	Vader:	Ik wil dit jaar niet zo ver. Ik was net een advertentie aan het lezen in de krant. Hier staat het: "Huisjes te huur in Denemarken". Wat vinden jullie daarvan?
	Moeder:	Ik vind alles goed. Als ik maar niet te veel hoef te doen! Ik wil niet stofzuigen en kleren wassen en enorme maaltijden koken iedere dag.
	Vader:	Dat hoef je nu toch ook niet! Je kunt de mannen die zo veel in het huishouden doen als ik, op één hand tellen!*
	Moeder:	Als Willem het ook leuk vind, kunnen we wel een huisje huren. Staat er een adres of een telefoonnummer in die advertentie?
	Vader:	Ja, het adres van een reisbureau. Als jij ze morgen op kunt bellen om een huisje te bespreken...
	Moeder:	Zie je wel, ik moet het weer doen...
	Vader:	Laten we nou geen ruzie gaan maken voordat de vakantie begint. Ik bel wel op. Goed? Wanneer zullen we gaan? Eind juli komt mij het beste uit*.
	Moeder:	Dat is uitstekend. Eind juli valt in de schoolvakanties; dan is het nooit druk in de winkel, omdat iedereen op vakantie is.
	Willem:	Ik wou dat het maar alvast vakantie was...

*je kunt de.....op één hand tellen = een gezegde, een spreekwoord. Het betekent: er zijn niet veel.....(hier: mannen die het huishouden doen)
*het komt mij/jou/hem etc. goed — beter — het beste uit = dat is een goed plan wat mij betreft

Vragen

1. Wat vraagt Willem aan zijn ouders? ....
2. Wat zegt Loes tegen Willem? ....
3. Waar wil Loes naar toe? ....
4. Heeft Willem zin om met zijn ouders mee te.....................
   gaan?
5. Naar welk land gaan ze dit jaar op vakantie?.....................
6. Wat voor soort vakantie wil moeder? ....
7. Vindt vader dat moeder veel in het huishouden.....................
   moet doen?
8. Wie belt op om het huisje te bespreken? ....
9. Welke maand komt vader het beste uit om met.....................
   vakantie te gaan?
10. Wat zou Willem willen? ....

Let Op:

Daar zit ik ook <u>aan te denken.</u>
Ik <u>was</u> een advertentie <u>aan het lezen.</u>

zijn + *aan het* + *hele werkwoord* ⎱
zitten   ⎰
staan ⎱ + *te* + *hele werkwoord*   *geeft aan dat de actie (van het werkwoord) nog aan de gang is, m.a.w. dat de actie nog niet voorbij is*
liggen ⎰

Let Op: *je kunt* <u>*zitten*</u> + *te* + *werkwoord* *(als constructie) alleen gebruiken wanneer de persoon die de actie uitvoert ook echt ZIT* <u>*en niet*</u> <u>*staat, ligt*</u>

Oefening:

Verander de volgende zinnen door de <u>*zijn* + *aan het* + *werkwoord*</u> *constructie te gebruiken*

Voorbeeld: lezen jullie de krant? — Zijn jullie de krant aan het lezen?

1. Ik doe het huishouden. ....
2. Hij bespreekt het huisje. ....
3. Zij aten (verleden tijd!) bloemkool. ....
4. We schreven een brief (verleden tijd!). ....
5. Zij kocht (verleden tijd!) twee dekens. ....

119

6. Ik was me*.

....

me aan het wassen! ...

7. Hij scheert zich.

....

8. Leert u Nederlands?

....

*let op: 'ik was me' komt van het werkwoord 'zich wassen'; niet van het werkwoord 'zijn'

vergelijk: ik ben me aan het wassen — ik was me aan het wassen

ik was me   — ik waste me

Let Op:

*Veel werkwoorden in het Nederlands zijn 'samengestelde' werkwoorden.
Deze werkwoorden bestaan uit een voorzetsel (prepositie) zoals 'uit', 'voor',
'op' en een werkwoord, of uit een adjectief zoals 'goed', 'schoon', 'klaar' en
een werkwoord — soms zelfs uit een de-woord of het-woord en een
werkwoord of een bijwoord en een werkwoord.*

Voorbeeld:

voorzetsel + werkwoord — uitzenden (les 16), inrijden (les 19), uitkiezen (les 22), meenemen (van: met + nemen = meenemen; les 23), uitnodigen (les 24), toestaan (van: tot + staan = toestaan; les 25)

adjectief + werkwoord — goedvinden (les 16), vrijkrijgen (les 17), schoonmaken (les 18)

de-woord/het-woord + werkwoord — ruziemaken (les 26)

bijwoord + werkwoord — thuiskomen (les 19), binnenstromen (les 20), terugkomen (les 21)

Om het <u>voltooid deelwoord</u> (zie blz. 59) van een <u>samengesteld werkwoord</u> te vinden, moet je het voorzetsel/adjectief/de of het-woord/bijwoord losmaken van het werkwoord:

uit — zenden
goed — vinden
ruzie — maken
thuis — komen

dan vorm je het voltooid deelwoord:

...-gezonden
...-gevonden
...-gemaakt
...-gekomen

dan zet je het voorzetsel/adjectief etc.
weer terug:

uitgezonden
goedgevonden
ruziegemaakt
thuisgekomen

In combinatie met het woordje 'te' moet je het voorzetsel/adjectief/de of het-woord/bijwoord ook losmaken van het werkwoord. Daarna zet je 'te' tussen de twee delen:

> uit te zenden
> goed te vinden
> ruzie te maken
> thuis te komen

Bij het vormen van de <u>tegenwoordige</u> tijd van het werkwoord moet je het voorzetsel/adjectief/de of <u>het-woord/</u>bijwoord ook losmaken.

Het voorzetsel/adjectief/de of het-woord/bijwoord gaat dan naar HET EINDE VAN DE ZIN:

Voorbeeld: <u>opbellen</u>

<u>ik bel Piet op</u>	wij bellen oma op
jij belt Herman op	jullie bellen tante Marian op
u belt meneer Eriks op	
hij belt Irene op	zij bellen oom Henk op
zij belt Rein op	

Samengestelde werkwoorden + kunnen, mogen, moeten, willen, zullen

hoofdzin (blz. 62)	*bijzin (blz. 62)*
ik mag een vriendje meenemen	als ik een vriendje mag meenemen, ga ik met jullie mee
spreektaal:	als ik een vriendje mee mag nemen, ga ik met jullie mee
hij kan met zijn ouders meegaan	toen hij met zijn ouders kon meegaan,...
spreektaal:	toen hij met zijn ouders mee kon gaan,
zij moet om 10 uur thuiskomen	wanneer zij om 10 uur moet thuiskomen,
spreektaal:	wanneer zij om 10 uur thuis moet komen,
wij willen opa niet opbellen	omdat wij opa niet willen opbellen,...
spreektaal:	omdat wij opa niet op willen bellen,
vader zal het wel goedvinden	hoewel vader het zal goed-vinden,
spreektaal:	hoewel vader het goed zal vinden

LET OOK OP DE HOOFDZIN:

    1   2
Moeder is boos, omdat wij opa niet willen opbellen.

                                2   1
Omdat wij opa niet willen opbellen, is moeder boos (zie ook blz. 62!).

of

                            2   1
Omdat wij opa niet op willen bellen, is moeder boos.

Oefening: *(samengestelde werkwoorden, eenvoudige constructies)*

Vorm de juiste werkwoordsvorm van het werkwoord tussen haakjes ( ) en geef de zin de correcte woordvolgorde:

1. Gisteren hebben ze een programma over luchtvervuiling.....(uitzenden)
2. Wanneer ze een programma over de kerken in Nederland.....(willen; uitzenden),.....ze altijd een zondag.....(uitkiezen)
3. Als vader.....(kunnen; vrijkrijgen),.....we in het weekend.....(weggaan)
4. Ze.....(hebben; ruziemaken) over de betekenis van dit woord
5. Vroeger.....ze altijd om 8.15 uur.....(thuiskomen)
6. Ik.....iedereen.....(uitnodigen)
7. Wanneer ik iedereen.....(uitnodigen), ...ik het huis..... (moeten; schoonmaken)
8. Wanneer ik iedereen.....(willen; uitnodigen), ...ik het huis niet ..... (schoonmaken)

Conversatie

Leerling A vraagt aan leerling B:
a) of hij gauw (snel; binnenkort) op vakantie gaat
b) of hij zijn kinderen meeneemt (als hij kinderen heeft!)
c) naar welke stad, streek, land hij gaat

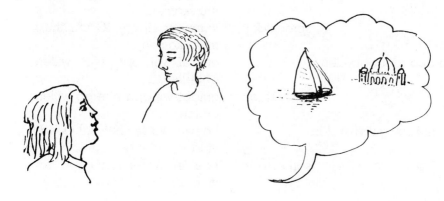

WOORDENLIJST

A

aan — to, at, on
aanbrengen — to apply (bracht aan; aangebracht)
aandacht (de) — attention
aangenaam — pleasant
aangeven — to indicate (gaf aan/ gaven aan; aangegeven)
aangifte doen — to report (deed/ deden; gedaan)
aankleden (zich) — to dress (kleedde z. aan; z. aangekleed)
aankomen — to arrive (kwam aan/kwamen aan; is aangekomen)
aantal (het) — number (of)
aanvullen — to complement (vulde aan; aangevuld)
aap (de) — monkey
aardappel (en/s) (de) — potato
aardrijkskundeles (de) — geography lesson
A.B.N. — Algemene Bank Nederland = name of a Dutch bank
absoluut — absolute, absolutely
accoord (het) — chord (musical term)
ach — well
achter — after, behind
achternaam (de) — surname
actie (de) — action
actief — active
adjectief (het) — adjective
adres (het) — address
advertentie (de) — advertisement
afdrogen (zich) — to dry oneself (with towel) (zw. ww.)
afhangen van — to depend on (hing af/afgehangen)
aflopen — to come to an end (liep af; afgelopen)
afspraak (de) — appointment
afval (het) — rubbish
akelig — horrible, sad
al — already; yet; all
allebei — both
alleen — only; alone

allemaal — all
alles — everything
als — as; if; when
alsjeblieft/alstublieft — please; here you are
alsof — as if
altijd — always
alvast — already (vaak ook: in the meantime)
ander — different, other
ander (de) — the other
anders — different
ansichtkaart (de) — picture postcard
antecedent (het) — antecedent
antwoord (het) — answer
A.N.W.B. — Algemene Nederlandse Wielrijders Bond — British A.A.
A.O.W. — Algemene Ouderdoms Wet — Old Age Pension
apparatuur (de) — gear
appel (de) — apple
april — April
arm — poor
armband (de) — bracelet
aspirine (de) — aspirin
atechnisch — nontechnical
atoomenergie (de) — nuclear energy
augustus — August
auto (de) — car
automatisch — automatically
automobilist — driver
autoritair — authoritarian, strict
avondeten (het) — dinner
avondschool (de) — evening classes

B

baan (de) — job
baas (de) — manager
baby (de) — baby
bacon (de) — bacon
bad (het) — bath
badkamer (de) — bathroom
bakken — to bake (zw. ww.)
balkon (het) — balcony

banaan (de) — banana
bang — afraid
bank (de) — bank
bankrekening (de) bank account
bed (het) — bed
bedanken — to thank (zw. ww.)
bedenken — to think up (bedacht, bedacht)
bedenkt — zie: bedenken
bedrag (het) — amount
bedrijvende vorm — active form
been (het) — leg
beetje (het) — a little bit
begin (het) — beginning
beginnen — to begin (begon, begonnen)
begint — zie: beginnen
begrijpen — to understand (begreep, begrepen)
behulp: met behulp van — with the help of
bejaard(e) — elderly, aged
bejaardentehuis (het) — old people's home
belangrijk — important
beleefd — polite
België — Belgium
bellen — to ring (zw. ww.)
belt op — rings up zie: **opbellen**
bepaald — certain
bepaald lidwoord (het) — definite article
bepalen — to determine
beroemd — famous
beroep (het) — profession
besloten — zie: besluiten
besluiten — to decide (besloot, besloten)
bespelen — to play on (bespeelde, bespeeld)
bespreken — to book (besprak, besproken)
bestaan uit — to consist of (bestond|uit, bestaan uit)
beste — best, dear
'best wel' — certainly (said with reserve)
bestudeer — zie: bestuderen

bestuderen — to study (bestudeerde, bestudeerd)
besturen — to drive (bestuurde, bestuurd)
betalen — to pay (betaalde, betaald)
betekenen — to mean (betekende, betekend)
betekenis (de) — meaning
betekent — zie: betekenen
betreft: wat...betreft — as... regards
bevel (het) — command
bevelen — to command (beval/ bevalen, bevolen)
beweging (de) — movement
bewering (de) — assertion
bewolkt — overcast
bezitten — to have, to own (bezat, bezeten)
bezoek (het) — visitors
bezoek: op bezoek gaan — to visit
bibliotheek (de) — library
bij — with, at
bijna — almost
bijvoorbeeld — for example
bijwoord (het) — adverb
bijzin (de) — subclause
bijzonders: iets bijzonders — (sth.) special
binnen — inside
bioscoop (de) — cinema
bitterbal (de) — type of savoury
blauw — blue
blindedarmontsteking (de) — appendicitis
bloem (de) — flower
bloembol (de) — bulb (flower)
bloemkool (de) — cauliflower
blokfluit (de) — recorder
blussen — to extinguish (zw.ww.)
blijken — to turn out (to be) (bleek, is gebleken)
blijven — to stay (bleef, is gebleven)
blz. = bladzijde (de) — page
boodschap(pen) (de) — errands, shopping
boek (het) — book

boekhandel (de) — bookshop
boon (de) — bean
boos — angry
boot (de) — boat
bontjas (de) — fur coat
bord (het) — plate
boterham (de) — sandwich
boven — above, over
bovenaan — at the top
bovendien — moreover
brand (de) — fire
brandweer (de) — fire brigade
breed — large
breken — to break (brak, gebroken)
brengen — to bring (bracht, gebracht)
brief (de) — letter
broek (de) — pair of trousers
broekzak (de) — trouser pocket
broer (de) — brother
brood (het) — bread, loaf
bruiloft (de) — wedding
bruin — brown
bruine bonen met spek — typically Dutch dish of beans
buik (de) — belly
buikpijn (de) — stomach ache
buiten — outside
bus (de) bus
buschauffeur (de) — busdriver
buur/buren (de) — neighbour(s)
buurkind (het) — nextdoor child
buurman (de) — neighbour (man)
buurvrouw (de) — lady next door

C

cadeautje (het) — present, gift
café (het) — pub
carnaval (het) — carnival
categorie (de) — category
cel/cello (de) — violin/cello
centrum (het) — centre
chemisch — chemical
Chinees — Chinese
chocola (de) — chocolate
christelijke — Christian
collega (de) — colleague
combinatie (de) — combination

comparatief (de) — comparative
compleet — complete
complex — complex
concentreren (zich) — to concentrate (zw. ww.)
conclusie (de) — conclusion
contactpuntje (het) — contact point
conversatie (de) — conversation
correct — correct, correctly
cowboyfilm (de) — Western
crèche (de) — creche, playgroup
croquet (de) (ook: de kroket) — type of savoury
cursus (de) — course

D

daar — there
daarna — after that, then
daarom — therefore
daarop — thereupon
daarvan — of that, about that
daarvoor — for that, before that
dag — hello, goodbye
dag (de) — day
damast (de) — damask
dan — then
dank (de) — thank(s)
danken — to thank (zw. ww.)
dank u wel — thank you
dansen — to dance (zw. ww.)
dat — that, who, which
datgene — that which
de — the
december — December
deed pijn — zie: pijn doen
deel (het) — part
degene — he, who; him, who
deken (de) — blanket
Democraten '66 (D'66) — 'Democratic Party'
Denemarken — Denmark
denken — to think (dacht, gedacht)
derde — third
dessert (het) — afters
detective (de) — detective story
deze — this, these
dezelfde — the same (zie: zelfde)

diamant (de) — diamond
dicht — closed
dichtdoen — to close (transitive) (deed dicht, dichtgedaan)
dichtgaan — to close (intransitive)
dictee (het) — dictation
die — that, those
dief (de) — thief
diefstal (de) — theft
dienst (de) — service
dier (het) — animal
dierenwinkel (de) — petshop
diner (het) — dinner
ding (het) — thing
dinsdag (de) — Tuesday
dit — this
dochter (de) — daughter
doe dicht — zie: dichtdoen
doen — to do (deed, gedaan)
dokter (de) — doctor, G.P.
dom — stupid
donderdag (de) — Thursday
doodgaan — to die (ging dood, is doodgegaan)
door — by, through
doordat — because of
doorsmeren — to oil lubricate (smeerde door, doorgesmeerd)
doosje (het) — small box
douche (de) — shower
d'r — 1) er 2) haar
dragen — to carry, to wear (droeg, gedragen)
drie — three
drinken — to drink (dronk, gedronken)
drogist (de) — chemist (Boots)
droog — dry
druif (de) — grape
druk — busy
drukken — to print, push, press (zw. ww.)
drukt uit — zie: uitdrukken
dubbel — double
dubbeltje (het) — 10 cents
Duits — German
dus — so
duur — expensive

dwarsfluit (de) — flute
d.w.z. — i.e. **(dat wil zeggen —** that is)

E

echt — real, genuine
echtpaar (het) — couple (married)
economie (de) — economy
een — a, an; one
eens — once; often meaningless interjection
(het) eens zijn met — to agree
eenvoudig — simple
eerder — earlier
eerst — first
eet smakelijk — 'bon appetit'; lit. may it taste good
eeuw (de) — century
ei (het) — egg
eieren — eggs
eigen — own
eigenlijk — in fact, really
eind (het) — a long distance
einde (het) — end
eindigen op — to end in (zw. ww.)
elektriciteitsrekening (de) — electricity bill
elk — each
en — and
ene — one
Engeland — England
Engels — English
enig — only
enkel — single
enk. = enkelvoud
enkelvoud (het) — singular
enorm — enormous
enz. = enzovoorts — etcetera
er — there, it (see lesson 22)
erachter — behind it
erg — very
erger — worse
ermee — with it
erna — after it
ernaartoe — towards it
ernaast — next to it
eronder — underneath it

erop — on top of it
ertoe — to it
ervan — of it, about it
ervoor — in front of it
erwtensoep (de) — peasoup
etage (de) — floor (1st floor etc.)
etcetera — zie: enz.
eten (het) — food
eten — to eat (at, gegeten)
etenswaren (de) — groceries
even...als — just...as
exact — precise, exact
excuus (het) — excuse
existentiële er (het) — see lesson 22
extra — extra

F

fabriek (de) — factory
failliet — bankrupt
familie (de) — family
februari — February
feest (het) — party
fiets (de) — bicycle
fietser (de) cyclist
fijn — fine, nice
film (de) — film; cinema; pictures
flat (de) — flat
fluitles (de) — flute lesson
fluweel (het) — velvet
formeel — formal
foto (de) — photograph
fotograaf (de) — photographer
fout — wrong
Frankrijk — France
Frans — French
free-lance — freelance
fruit (het) — fruit
functioneren — to function

G

ga — zie: gaan
ga nu zelf verder — now you
gaan — to go (ging, is gegaan)
gaat — zie: gaan
gaat weg — zie: weggaan

gang: aan de gang zijn — to be in progress
gauw — soon
geachte — dear (used in formal letters only)
gebeuren — to happen (zw. ww.)
gebied (het) — district, area
gebleven — zie: blijven
geboorte (de) — birth
gebroken — zie: breken
gebruiken — to use (zw. ww.)
gedachte (de) — thought (zie ook: veranderen)
gedrukt — zie: drukken
geef aan — zie: aangeven
geeft — zie: geven
geel — yellow
geen — no
gefilterd — filtered
gehoorzamen — to obey (zw. ww.)
gek — crazy, strange
gekocht — zie: kopen
geld (het) — money
geleden — ago
geloof — zie: geloven
geloven — to believe (zw. ww.)
gelukkig — fortunately; happy
gemeenteraad (de) — (municipal) council
genoeg — enough
gerecht (het) — dish
gerold — zie: rollen
geschiedenis (de) — history
gesloten — zie: sluiten
gesneden — zie: snijden
gesprek (het) — discussion, conversation
getroffen — zie: treffen
getrouwd — married
gevaar (het) — danger
geven — to give (gaf/gaven, gegeven)
gevoel (het) — sense, feeling
gevolg (het) — consequence
geweld (het) — violence
geweldig — fantastic
gewoon — just, ordinary
gezegde (het) — saying

gezellig — cozy
gezin (het) — family
gieten — to pour (goot, gegoten)
gisteravond — yesterday evening
gisteren — yesterday
gisternacht — yesterday night
gitaar (de) — guitar
glad — slippery
glas (het)/de glazen — glass
goed — good
goedemiddag — good afternoon
goedemorgen — aood mornina
goede(n)avond — good evening
goedkoop — cheap
goedkoper — cheaper
goedvind — zie: goedvinden
goedvinden — to approve of
goeiemorgen — zie:
    goedemorgen
gooien — to throw (zw. ww.)
goud (het) — gold
Gouden Eeuw (de) — Golden Age
graag — please
graan (het) — corn
graden/de graad — degrees
grammatica (de) — grammar
grammaticaal — grammatical
gras (het) — grass
griep (de) — flu
groeien — to grow (zw. ww.)
groen — green
groenteman (groenteboer) —
    greengrocer
groenten (de) — vegetables
groentesoep (de) — vegetable
    soup
groep (de) — group
groet (de) — greeting
groot — large, great, big
grootmoeder (de) — grandmother
grootvader (de) — grandfather
gulden (de) — guilder

H

haakje (het) — bracket
haar (d'r) — her
haast (de) — hurry

haasten (zich) — to hurry (zw. ww.)
halen — to fetch (zw. ww.)
half/halve — half
halfje — (halfje bruin) — 'small' (a
    small loaf)
hallo — hello
halverwege — halfway
hand (de) — hand
aan de hand zijn — to be the
    matter
op een hand tellen — to count on
    the fingers of one hand
handdoek (de) — towel
hangt af van — zie: afhangen van
hard — hard
hartelijk — kind
haven (de) — harbour, port
H.A.V.O. — type of secondary
    school
hé, hè — hey; sentence tags, such
    as aren't you, isn't it, etc.
hebben — to have (had, gehad)
heeft — zie: hebben
heel — whole; very
heen — zie: om
heet — zie: heten
helaas — unfortunately
helft (de) — half
helpen — to help (zw. ww.)
hem — him
hen — them
herfst (de) — autumn
herinneren (zich) — to remember
    (zw. ww.)
het — the
heten — to be called
hetzelfde — the same
hevig — forcefully, fiercely
hier — here
hierboven — above
hij — he
hinder (de) — hinder, bother
hobby (de) — hobby
hoe — how
hoef — zie: hoeven
hoek (de) — corner
hoeveel — how much, how many
hoeven — to need (zw. ww.)

hoewel — although
Hollands — Dutch
hond (de) — dog
hondepoep (de) — excrement, faeces
honger (de) — hunger
hoofd (het) — head
uit je hoofd — by heart
hoofdgerecht (het) — main course meal
hoofdletter (de) — capital
hoofdmaaltijd (de) — main meal
hoofdpijn (de) — headache
hoofdstad (de) — capital
hoofdtelwoord (het) — cardinal number
hoofdzin (de) — main clause
hoogachtend — Yours faithfully
hoor (nou hoor) — reinforcing tag; 'come on', 'you know' etc.
hoorde — zie: horen
horen — to hear (zw. ww.)
horloge (het) — watch
hotel (het) — hotel
houden — to keep (hield, gehouden)
houden aan (zich) — to stick to
houden van — to like, to love
houdt van — zie: houden van
houten — wooden
huilen — to cry (zw. ww.)
huisbaas (de) — landlord
huisdier (het) — pet animal
huishouden (het) — housework, housekeeping
huisvrouw (de) — housewife
huiswerk (het) — homework
hulp (de) — help
hulpwerkwoord — auxilliary (verb)
hun — their
huur (de) — rent

I

idee (het) — idea
idiomatisch — idiomatic
ieder — every
iedereen — everyone, everybody

iemand — somebody
iets — something
ijs (het) — ice; ice cream
ijskast (de) — refrigerator
ik — I
illegaal — illegal
implicatie (de) — implication
in — in
inclusief — inclusive
inderdaad — indeed
indienen — (een klacht) — to lodge a complaint
informatie (de) — information
informeel — informal
ingewikkeld — complicated
inkomen (het) — income
inkt (de) — ink
inleiding (de) — introduction
inrijden — (reed in, is ingereden) — to drive into, to enter
instelling (de) — organization, institute
instituut (het) — institute
instructie (de) — instruction
instrument (het) — instrument
interessant — interesting
invullen — to fill in (zw. ww.)
inwoner (de) — inhabitant
is — zie: zijn
Italiaan (de) — Italian
Italië — Italy

J

ja — yes
jaar (het) — year
jam (de) — jam
jammer — a pity
januari — January
jarig (zijn) — to have one's birthday
jas (de) — coat
jazeker — yes, certainly
jazz (de) — jazz
je — zie: jij — you; your; yourself; yourselves
jij — you
jong — young

jongen (de) — boy
jongste — youngest
jouw — zie: je — your
juist — right, exact, just
juli — July
juni — June
jullie — you (informal, plural)
jurk (de) — dress
juwelen (de) — jewels, jewellery

K

'k — zie: ik
kaart (de) — card
kaas (de) — cheese
kamer (de) — room
kan — zie: kunnen
kankeronderzoek (het) — cancer research
kans (de) — chance
kant (de) — side
kapitein (de) — captain
karbonade (de) — chop
kast (de) — cupboard
kat (de) — cat
Katholieke partij — Catholic party
keelontsteking (de) — throat infection
keelpijn (de) — sore throat
keer (de) — time (1 keer once)
kelner (de) — waiter
kennen — to know (zw.ww.)
kers (de) — cherry
kettinkje (het) — chain, necklace
keuken (de) — kitchen
kiezen — to choose (koos, gekozen)
kijken — to look (keek, gekeken)
kijk uit — watch it, mind your step
kilo (de) — 1000 grammes
kilometer (de) — kilometre
kind (het) — child
kinderboek (het) — children's book
kinderstoel (de) — high chair
kip (de) — chicken

kippesoep (de) — chicken soup
klaar — ready
klaarmaken — to prepare (maakte klaar, klaargemaakt)
klacht (de) — complaint
klagen — to complain (zw. ww.)
klank (de) — sound
klant (de) — customer
klas (de) — class
klassiek — classical
klederdracht (de) — traditional/ national costume
klein — small, little
kleren (de) — clothes
kleur (de) — colour
kleurentelevisie (de) — colour t.v.
klimaat (het) — climate
klinker (de) — vowel
klomp (de) — clog, wooden shoe
koekje (het) — biscuit
koffer (de) — suitcase
koffie (de) — coffee
koffiekopje (het) — coffee cup
kofschip (het) — type of ship, consonants of this word should be remembered for forming past tense and past participle
koken — to cook, to boil (zw. ww.)
kolonie (de) — colony
komen — to come (kwam, is gekomen)
komen...voor — zie: vóorkomen
komkommer (de) — cucumber
komt aan — zie: aankomen
komt uit — zie: uitkomen
koninkrijk (het) — kingdom
konijn (het) — rabbit
koop: te koop — for sale
kopen — to buy (kocht, gekocht)
kopje (het) — cup
kort — short
kosmetische — cosmetic
kosten — to cost (zw. ww.)
koud — cold
krant (de) — newspaper
krantenartikel (het) — newspaper article
krijgen — to get (kreeg, gekregen)

kroeg (de) — pub
kunnen — to be able to, can (kon, gekund)
kunt — zie: kunnen
kussen (het) — pillow, cushion
kwaad — angry
kwade: op een kwade dag — one bad day
kwaliteit (de) — quality
kwartje (het) — 25 cents
kwijtraken — to lose (raakte kwijt, is kwijtgeraakt)
kwijt zijn — to have lost

L

laat — late
laatste — last, latest
laboratorium (het) — laboratory
lagere school (de) — primary school
lag — zie: liggen
laken (het) — sheet
lamsvlees (het) — lamb (meat)
land(je) (het) — country (small country)
lang — long
langs — past
langspeelplaat (de) — long play (record)
last (de) — hinder
laten — to let, (liet, gelaten)
laten zien — to show (liet zien, heeft laten zien)
leeftijd (de) — age
leeg — empty
leenwoord (het) — loan word
leerling (de) — pupil
lekke band (de) — puncture
lekker — tasty, pleasant
lelijk — ugly
lenen — to borrow (van), to lend (aan) (zw. ww.)
lepel (de) — spoon
leraar (de) — teacher
lerares (de) — (female) teacher

leren — to learn (zw. ww.)
let op — zie: opletten
letter (de) — letter
leuk — nice
leuker — nicer
leukst — nicest
leven — to live (zw. ww.)
lezen — to read (las/lazen, gelezen)
lief — sweet, darling, dear
liefde (de) — love
liefs — love (end of a letter)
liever — rather (ik wil liever — I prefer)
lieverd (de) — darling
liggen — to lie (lag, gelegen)
ligt — zie: liggen
lijdende vorm (de) — passive voice
lijken — to seem, to appear (leek, geleken)
lijsttrekker — political candidate
limonadesiroop (de) — syrup (lemonade)
links — left
linnen (het) — cloth
lip (de) — lip
liter (de) — litre
logeren — to stay (zw. ww.)
loketbeambte (de) — ticket clerk
loodgieter (de) — plumber
loon (het) — salary
loop — zie: lopen
in de loop van — in the course of
lopen — to walk (liep, gelopen)
losmaken — to separate (maakte los, losgemaakt)
lozen — to dump (zw. ww.)
lucht (de) — air
luisteren — to listen (zw. ww.)
lukken — to be successful (zw. ww.)
lunch (de) — lunch

M

maag (de) — stomach
maagpijn (de) — stomach ache

maak — zie: **maken**
maal (het) — meal
maand (de) — month
maandag (de) — Monday
maar — but, only
maart — March
maatregel (de) — measure
macaroni (de) — macaroni
mag — zie: **mogen**
maken — to make (zw. ww.)
makkelijk — easy
mam(a) — mummy
man (de) — man
manier (de) — manner, way
margarine (de) — margarine
markt (de) — market
mate (de) — extent
materiaal (het) — material
M.A.V.O. — type of secondary modern school
m.a.w. = met andere woorden — in other words
me = mij
medeklinker (de) — consonant
medisch — medical
meenemen — to take along (nam mee, meegenomen)
meer — more
meervoud (het) — plural
meest(e) — most
meestal — usually
mei — May
meisje (het) — girl
melden — to report (zw. ww. sometimes 'zich melden')
melk (de) — milk
melkboer (de)/melkman (de) — milkman
melkprodukt (het) — dairy produce
men — one
mens (de) — human being
mensenleven (het) — human life
merk (het) — brand, make
merken — to notice (zw. ww.)
mes (het) — knife
met — with
meteen — at once

meter (de) — metre
meubels (de) — furniture
midden (het) — centre, middle
middenop — right in the middle of
mij — me (van mij — mine)
mijn — my
milieu (het) — environment
milieudienst (de) — anti-pollution squad
miljoen (het) — million
min — minus
minder — less
minuut (de) — minute
misschien — perhaps
missen — to miss (zw. ww.)
misten — to be foggy (zw. ww.)
mistig — foggy
m'n = mijn
mocht — zie: **mogen**
modern — modern
moe — tired
moeder (de) — mother
moeilijk — difficult

moest — zie: **moeten**
moeten — to have to, must (moest, gemoeten)
mogelijk — possible
mogelijkheid — possibility
mogen — to be allowed, may (mocht, gemogen)
molen (de) — windmill
mondvol (de) — mouth full
mooi — nice, pretty
morgen — tomorrow morning
moslemse (de) — Muslim
muziek (de) — music
muziekschool (de) — music school
muziekinstrument (het) — musical instrument
mv. = meervoud — plural

N

na — after
naam (de) — name
naar — to, towards
naast — next to

nacht (de) — night
nadenken — to ponder (dacht na, nagedacht)
nadruk (de) — stress, emphasis
nagerecht (het) — dessert, afters
namelijk — namely
nat — wet
natuurlijk — of course
nauwkeurig — accurate
nazeggen — to say after, repeat (zei na, nagezegd)
Nederland — the Netherlands
Nederlander (de) — Dutchman
Nederlands — Dutch
nee — no
neef (de) — cousin, nephew
neefje (het) — zie: neef
neem — zie: nemen
negen — nine
nemen — to take, (nam, namen, genomen)
net — just
netnummer (het) — area code
nicht (de) — cousin, niece
niemand — nobody
niet — not
niets — nothing
nieuw — new
niks — zie: niets
nodeloos — needless
nodig — necessary (nodig hebben — to need)
nog — still, another
nogal — rather
nooit — never
noorden — north, northern
Noorse — Norwegian
normaal — normal
nota bene — n.b.
nou = nu
nou en of — certainly
November — November
nu — now
nummer (het) — number

O

o.a. = onder andere — among others

ober (de) — waiter
october — October
oefenen — to practise (zw. ww.)
oefening (de) — exercise
of — or, whether
officieel — official
olie (de) — oil
oliën — to oil
om — in order to; at, around
oma (de) — granny
omdat — because
omelet (de) — omelette
omgeving (de) — surroundings, neighbourhood
omhoog — up
onafhankelijk — independent
onbekend — unknown
onbepaald lidwoord (het) — indefite article
ondanks — in spite of
onder — under
onderaan — at the bottom of
onderdeel (het) — part
ondergaan — to undergo (onderging, ondergaan)
ondergoed (het) — underwear
onderweg — on his/her way
onderwerp (het) — subject
onderzoeken — to examine (onderzocht, onderzocht)
ongeluk (het) — accident
ongesneden — unsliced
ongeveer — about, approximately
onmogelijk — impossible
onnodig — unnecessary
onregelmatig — irregular
ons — us; our
ontbijt (het) — breakfast
ontkennen — to deny, to negate (ontkende, ontkend)
ontslaan — to dismiss (ontsloeg, ontslagen)
ontspannen — to relax (ontspande, ontspannen)
ontstaan — to be caused by (ontstond, is ontstaan)
ontsteking (de) — inflammation; ignition

onvervulde conditie (de) — unfulfilled condition

onvoltooid — incomplete (onvoltooid verleden tijd — simple past tense)

onze — our

ook — also, too

oom (de) — uncle

oorlog (de) — war

oorontsteking (de) — ear infection

oorpijn (de) — ear ache

oostelijk — eastern

Oost-Indië — East Indies

op — on, on top of, in

op weg naar — on their/his/her etc. way to

opa (de) — grandpa

opbellen — to ring up, to telephone (belde op, opgebeld)

opdracht (de) — task

open — open

opensnijden — to cut open (sneed open, opengesneden)

operatie (de) — operation

opereren — to operate upon (zw.ww.)

opeten — to eat up (at op, opgegeten)

opletten — to pay attention (zw.ww.)

oplossing (de) — solution

opmerking (de) — remark

oppassen — to watch out for (paste op, opgepast)

opstel (het) — essay

opvoeding (de) — education

opzoeken — to look up, to visit (zocht op, opgezocht)

orde (de) — order

organisatie (de) — organisation

oud — old

ouders (de) — parents

over — over, above

overal — everywhere

overdag — during the day

overleden — deceased

overmaken — to transfer (money) (maakte over, overgemakt)

overmorgen — the day after tomorrow

overnemen — to take over (nam over, overgenomen)

overtreffende trap (de) — superlative

P

paar (het) — pair; few (een paar — a couple of)

paasvakantie (de) — Easter holiday

pakken — to pack, to take, fetch (zw. ww.)

pakje (het) — packet, parcel

pap — dad

papier (het) — paper

paraplu (de) — umbrella

pardon — pardon

parkeren — to park (zw. ww.)

partij (de) — party

pas — only

passieve zin (de) — passive sentence

passief — passive

patiënt (de) — patient

pech krijgen — to have a breakdown (kreeg, gekregen)

peer (de) — pear

pen (de) — pen

peper (de) — pepper

per — per, via

periode (de) — period

permissie (de) — permission

permitteren — to permit, to allow

personen (de) — persons, people

piano (de) — piano

pijn (de) — pain

pijn doen — to hurt (deed pijn, pijngedaan)
pils (de) — beer, lager
plaat (de) — record
plaatje (het) — picture
plaats (de) — place
plaatsen — to place (zw. ww.)
plant (de) — plant
platenspeler (de) — record player
poes (de) — pussycat
polikliniek (de) — outpatients' department
politieagent (de) — police officer
politiebureau (het) — police station
politiek (de) — politics
politiek — politic(al)
pond (het) — pound (500 grammes)
popmuziek (de) — pop music
portemonnee (de) — purse
Portugal — Portugal
post (de) — post
postbode (de) — postman
poster (de) — poster
postkantoor (het) — post office
praatpaal (de) — breakdown service, comparable to AA telephone
praten — to talk (zw. ww.)
precies — precisely, exactly
predikaat (het) — predicate (verbal construction)
prepositie (de) — preposition
prijs (de) — price
proberen — to try (zw. ww.)
probleem (het) — problem
proefneming (de) — test, experiment
proef (de) — test
programma (het) — programme
project (het) — project
Protestant — Protestant
provincie (de) — province, county
pudding (de) — pudding

R

raam (het) — window

raar — strange, weird, odd
radio (de) — radio
radiokamer (de) — (radio) control room
rangtelwoord (het) — ordinal number
recht (het) — right
rechterkolom (de) — righthand column
rechts — right, to the right
reden (de) — reason
regel (de) — rule
regelmatig — regular
regenen — to rain (zw. ww.)
regering (de) — government
reis (de) — journey, trip (enkele reis — a single ticket)
reisbureau (het) — travel agency
reizen — to travel (zw. ww.)
reiziger (de) — traveller
rekening (de) — bill, account
Republiek der Verenigde Nederlanden (de) — Republic of the United Netherlands
reserveren — to reserve, book (zw. ww.)
rest (de) — leftover, rest
restaurant (het) — restaurant
retour(tje) (het) — return (ticket)
rijbewijs (het) — driving licence
rijden — to drive, to ride (reed, gereden)
rijk — rich
rijksdaalder (de) - a coin, worth two guilders and fifty cents
ringetje (het) — small ring
rivier (de) — river
rok (de) — skirt
roken — to smoke (zw. ww.)
rollen — zie: zakkenrollen
roltrap (de) — escalator
roman (de) — novel
rond — round
rondom — round about
rood — red

roos (de) — rose
rug (de) — back
ruiken — to smell (rook, geroken)
rundvlees (het) — beef
Russisch — Russian
ruzie (de) — quarrel
ruziemaken — to quarrel (maakte ruzie, ruziegemaakt)

S

samen — together
samengesteld werkwoord — composite verb
's avonds — in the evening
schapevlees (het) — mutton
schepen — zie: schip
schijnen — to seem, to shine (scheen, geschenen)
schilder (de) — painter
schilderij (het) — painting, picture
schip (het) — ship
school (de) — school
schoolfeest (het) — schoolparty
schoon — clean
schoonhouden — to keep clean (hield schoon, schoongehouden)
schoonmaken — to clean (maakte schoon, schoongemaakt)
schoonmaker (de) — cleaner
schouwburg (de) — theatre
schreeuwen — to scream (zw. ww.)
schrikken — to startle, to get a schock (schrok, is geschrokken)
schrijfmachine (de) — typewriter
schrijftaal (de) — written language
schrijven — to write (schreef, geschreven)
september — September
servicebeurt (de) — service (of a car)
sigaar (de) — cigar
sinaasappel (de) — orange
situatie (de) — situation
sla (de) — lettuce
slaap (de) — sleep
slager (de) — butcher
slapen — to sleep (sliep, geslapen)
slecht — bad

sluiten — to close (sloot, gesloten)
snappen — to understand (zw. ww.)
snel — quick, soon; quickly
sneeuwen — to snow (zw. ww.)
snijden — to cut (sneed, gesneden)
Socialistische Partij (de) — Socialist Party
soep (de) — soup
sommige — some
soms — sometimes
soort (de, het) — sort, sort of
Spaans — Spanish
Spanje — Spain
spannend — captivating
speciaal — special
spek (het) — bacon
spelen — to play (zw. ww.)
spellen — to spell (zw. ww.)
spelling (de) — spelling
spellingregel (de) — rule of spelling
spijkerbroek (de) — jeans
spijt: het spijt me — I am sorry
spinazie (de) — spinach
splitsen — to divide up (zw. ww.)
spoedig — soon
sportauto (de) — sportscar
spreektaal (de) — spoken language
spreekwoord (het) — proverb
spreken — to speak (sprak, gesproken)
spreker (de) — speaker
sprookje (het) — fairy tale
sprookjesboek (het) — book with fairy tales
spruitje (het) — sprout
staan — to stand (stond, gestaan)
staat (de) — state
staatspensioen (het) — state pension
stad (de) — town, city
stadhuis (het) — townhall
stadium/stadia (het) — stage
stam (de) — root of a verb
stamppot (de); stamppot boerenkool — mashed potatoes with kale

stank (de) — stink
stankfront (het) — polluted air front
steeds — still, all the time
steden — zie: stad
stel (het) — couple
stelen — to steal (stal, gestolen)
stellende trap (de) — positive
sterk — strong
stellen (vragen) — to put (a question) (zw. ww.)
stoel (de) — chair
stoep (de) — pavement
stof (de) — material
stof (het) — dust
stofzuigen — to hoover (zw. ww.)
stomerij (de) — dry cleaners
stoppen — to stop (zw. ww.)
stopwoord (het) — zie les 27
straat (de) — street
streek (de) — region, area
strippenkaart (de) - bus ticket, valid everywhere in the Netherlands
student (de) — student
studeren — to study (zw. ww.)
stuiver (de) — coin worth 5 cents
stuk (het) — piece, part
stukje (het) — small piece, column in newspaper
sturen — to send (zw. ww.)
subcategorie (de) — subcategory
subject (het) — subject
suiker (de) — sugar
superlatief (de) — superlative
supermarkt (de) — supermarket
Surinaams — Surinamese
symbool (het) — symbol

T
taal (de) — language
Tachtigjarige Oorlog (de) — 80 year war
tafel (de) — table
tandarts (de) — dentist
tanker (de) — tanker
tante (de) — aunt
tas (de) — handbag
te — to, too

techniek (de) — technique
tegen — against, to
tegengaan — to counteract (ging tegen, is tegengegaan)
tegenovergestelde (het) — opposite
tegenwoordige tijd (de) — present tense
tehuis (het) — home (for elderly people)
telefoon (de) — telephone
telefooncel (de) — telephone booth
telefoonnummer (het) — telephone number
telefoonspel (het) — telephone game
telefoontje (het) — call
telegram (het) — telegram
televisie (de) — television
tellen — to count (zw. ww.)
tenminste — at least
term (de) — expression
terug — back
terugkrijgen — to get back (kreeg terug, teruggekregen)
terugnemen — to take back (nam terug, teruggenomen)
terugwijzen — to refer back (wees terug, teruggewezen)
test (de) — test
thee (de) — tea
theekopje (het) — teacup
theorie (de) — theory
thuis — at home
tien — ten
tijd (de) — time; tense
tijdens — during
toch — yet (sometimes it reinforces a statement)
toe — towards, to; in addition
toegestaan: zie toestaan
toekomende tijd (de) — future tense
toen — when (+ past tense), at that time
toerist (de) — tourist
toestaan — to allow (stond toe, toegestaan)

toestemming (de) — permission
toetje (het) — dessert
toevallig — coincidental
toevoegen — to add (voegde toe, toegevoegd)
tomaat (de) — tomato
tomatensoep (de) — tomato soup
tong (de) — tongue
toonladder (de) — scale
tot — to, until
totaal — total, complete
totdat — until
tot ziens — see you!
tram (de) — tram
trap van vergelijking (de) — degrees of comparison
treffen (maatregelen) — to take (measures); to hit (trof, getroffen)
trein (de) — train
treindienst (de) — train service
treinkaartje (het) — train ticket
trekken — to draw (zie: aandacht) (trok, getrokken)
trema (de) — diaeresis
trompet (de) — trumpet
trots (op) — proud of
trouwen — to get married (zw. ww.)
trui (de) — jumper
tuin (de) — garden
Turkije — Turkey
Turks — Turkish
tussen — between
twee — two
tweede — second
Tweede Wereldoorlog — World War II
(in) tweeën — in two
tweeklank (de) — diphthong
twintig — twenty
type (het) — type
typemachine (de) — typewriter
typisch — typical

U

u — you (polite)
ui (de) — onion
uit — out, from

uitdrukking (de) — expression
uitdrukken — to express (drukte uit, uitgedrukt)
uitgekozen — zie: uitkiezen
uitgeteld — exhausted
uitkering (de) — benefit
uitkiezen — to select (koos uit, uitgekozen)
uitkijken — to look out, to watch out (keek uit, uitgekeken)
uitkleden (zich) — to undress (kleedde z. uit; z. uitgekleed)
uitkomen (goed of slecht) — to suit (kwam uit, is uitgekomen)
uitnodigen — to invite (nodigde uit, uitgenodigd)
uitsmijter (de) — ham and eggs
uitspraak (de) — pronunciation, statement
uitspreken — to pronounce (sprak uit, uitgesproken)
uitstappen — to get off (stapte uit, is uitgestapt)
uitstekend — excellent
uitverkocht — sold out
uitvoeren — to carry out (voerde uit, uitgevoerd)
uitzenden — to broadcast (zond uit, uitgezonden)
uitzetten — to switch off (zette uit, uitgezet)
uitzien (er) — to look (you look pale etc.)
uitzondering (de) — exception
universiteitsziekenhuis (het) — university hospital
uur (het) — hour (om tien uur — at ten o'clock)
uw — your (polite)

V

vaak — often
vader (de) — father
vaker — more often
vakantie (de) — holiday
vallen — to fall (viel, is gevallen)
van — of, from

vanaf — from
vanavond — this evening, tonight
vandaag — today
vanmiddag — this afternoon
vanmorgen — this morning
vanwege — because of
variatie (de) — variation
varken (het) — pig
varkensvlees (het) — pork
vast (wel) — certainly
vaste (vriend) — steady boyfriend
vechten — to fight (vocht, gevochten)
veertig — forty
veilig — safe
vent (de) — bloke
ver — far, far away
veranderen — to change (veranderde, veranderd)
veranderen van gedachten — to change one's mind
verbazing (de) — astonishment
verbeteren — to improve (verbeterde, verbeterd)
verbieden — to prohibit (verbood, verboden)
verbod (het) — prohibition
verbonden — connected
verdelen — to divide (verdeelde, verdeeld)
verdeel — zie: verdelen
verder — further, on
verderop — further on
verdienen — to earn (verdiende, verdiend)
vergelijken — to compare (vergeleek, vergeleken)
vergelijking (de) — comparison
vergeten — to forget (vergat, vergaten, is/heeft vergeten)
vergissen (zich) — to be wrong (vergiste zich, heeft zich vergist)
vergrotende trap (de) — comparative
verhaal (het) — story
verkeer (het) — traffic
verkeerd — wrong
verkiezing (de) — election

verkleden — to change (clothes)
verkleed — zie: verkleden
verkleinwoord (het) — diminutive
verkoopster (de) — shop assistant (female)
verkopen — to sell (verkocht, verkocht)
verkoper (de) — shop assistant (male)
verkoudheid (de) — cold (illness)
verleden tijd (de) — past tense
verliezen — to lose (verloor, is/heeft verloren)
veroorzaken — to cause (veroorzaakte, veroorzaakt)
verplegen — to nurse (verpleegde, verpleegd)
verschil (het) — difference
verschillend — different
versterken — to reinforce (versterkte, versterkt)
vertellen — to tell (vertelde, verteld)
vertrekt — zie: vertrekken
vertrekken — to leave (vertrok, vertrokken)
vertrouwelijk — confidential
vervangen — to replace (verving, vervangen)
vervelend — boring
vervolg (het) — continuation
vervuilen — to get polluted (vervuilde, is vervuild)
verwachten — to expect (verwachtte, verwacht)
verwarming (de) — heating
verzetten (zich) — to resist (verzette zich, heeft z. verzet)
vet (het) — grease
vier — four
vieren — to celebrate (zw. ww.)
vijf — five
vijftig — fifty
vinden — to find (vond, gevonden)
vindt — zie: vinden
vis (de) — fish
vitamine (de) — vitamin
vla (de) — custard

vlaflip (de) — dessert of custard and yoghurt
vlak — just; flat
vlak voor — just before
vlees (het) — meat
vliegtuig (het) — aeroplane
vochten — zie: vechten
voegwoord (het) — conjunction
voelen, zich — to feel (zw. ww.)
vol — full
volgend — following, next
volgens — according to
voltooid deelwoord (het) — past participle
voltooid tegenwoordige tijd (de) — perfect tense
voor — for, before (kwart voor acht — a quarter to eight)
voorbeeld (het) — example
voorbeeldzin (de) — sentence given as example
voordat — before
voordelig — cheap (a bargain)
voorgerecht (het) — starter (with meals)
voorjaar (het) — spring
voorkant (de) — front
voorkomen — to occur (kwam voor/ kwamen voor, is voorgekomen)
voorzetsel (het) — preposition
voorzichtig — careful
vorig — previous
vormen — to form (zw. ww.)
vork (de) — fork
vraag (de) — question
vraagt — zie: vragen
vraagzin (de) — question (in the form of a sentence)
vragen — to ask (vroeg, gevraagd)
vreemd — strange
vriend (de) — friend
vriendin (de) — friend (female)
vrij — free, off; rather
vrijdag — Friday
vrijheid (de) — freedom
vroeg — zie ook: vragen — early
vroeger — in the past
vrouw (de) — woman

vuil — dirty
vul in — zie: invullen
vult aan — zie: aanvullen

W

waar — where
waarmee — with what? with which?
waarom — why
waarschijnlijk — probably
waarschuwen — to warn
waarvan — of which
waarvoor (= waar...voor) — in front of which
wakker — awake
wakker worden — to wake up (werd wakker, is wakker geworden)
wanneer — when
warenhuis (het) — department store
warm — warm
wassen — to wash (zw. ww.)
wat — what, which
wat...! — how...!
wat voor — what sort of, what type of
water (het) — water
we — we (zie ook: wij)
wederkerend werkwoord (het) — reflexive verb
weet — zie: weten
week (de) — week
weg — away; gone
weg (de) — road
wegdrijven — float away (dreef weg, is weggedreven)
wegenwacht (de) — AA
weggaan — to leave (ging weg, is weggegaan)
weglaten — to leave out (liet weg, weggelaten)
weglopen — to run away (liep weg, is weggelopen)
wegvaren — to sail out (voer uit, uitgevaren)
weinig — little, few

wel — gives emphasis to verb; often meaningless in itself; jawél — oh, yes; don't you have it? Oh yes, I do — ik heb het wél

welke — which

wereld (de) — world

werk (het) — work

werkelijk — really

werken — to work (zw. ww.)

werkloos — unemployed

werkloosheidsuitkering (de) — unemployment benefit

werkster (de) — cleaner

werkt — zie: werken

werkwoord (het) — verb

wet (de) — law

weten — to know (wist, geweten)

wetgeving (de) — legislation, law

wie — who, whom

wij — we

wijzen — zie: terugwijzen

willen — to want, wish (wilde/wou, wilden, gewild)

wind (de) — wind

winkel (de) — shop

winter (de) — winter

wit — white

woensdag (de) — Wednesday

wonen — to live (zw. ww.)

woon — zie: wonen

woonplaats (de) — place of residence

woord (het) — word

woordenlijst (de) — vocabulary

woordenboek (het) — dictionary

woordje (het) — little/small word

woordvolgorde (de) — word order

worden — to become, get, turn (werd, is geworden)

wordt — zie: worden

wortel (de) — carrot

wou — zie: willen

Y

yoghurt (de) — yoghourt

Z

zacht — soft

zachtzetten — to turn down (the volume) (zette zacht, zacht gezet)

zakdoekje (het) — handkerchief

zakkenrollen — to pickpocket (zw. ww.)

zakkenroller (de) — pickpocket

zaterdag (de) — Saturday

ze (zie ook: zij) — she; they; them

zee (de) — sea

zeep (de) — soap

zeg — say, hey

zeggen — to say (zei, gezegd)

zeg na — zie: nazeggen

zei — zie: zeggen

zeilschool (de) — sailing school

zeker — certainly, surely

zelf — himself, herself etc.

zelfde (de, het) — same

zelfstandigheid (de) — independence

zelfstandig naamwoord (het) — noun

zes — six

zesde — sixth

zet — zie: zetten

zetten — to put (zw. ww.)

zet uit — zie: uitzetten

zeven — seven

zevende — seventh

zich, zichzelf — himself, herself

zie — zie: zien

ziek — ill

ziekenhuis (het) — hospital

ziekte (de) — illness

zien — to see (zag, gezien)

zij — she; they

zijn — 1) to be (was/waren, is geweest, 2) his (zie ook: z'n)

zilver (het) — silver

zin hebben — to feel like (had zin; zin gehad)

zit — zie: zitten

zitten — to sit (zat, gezeten)

z'n — his
zo — so, such
zoals — in the same way as, just as, such as
zodat — so that
zoeken — to seek (zocht, gezocht)
zoek op — zie: opzoeken
zoen (de) — kiss
zomer (de) — summer
zo'n — such a
zon (de) — sun
zondags — on Sundays
zonder — without
zoon (de) — son
zorgen voor — to look after (zw. ww.)

zou — zie: zullen
zout (het) — salt
Zuid Afrika — South Africa
zuidelijk — Southern
zuiden — South
zullen — will, shall (zou/zouden)
zus (de) — sister
zuster (de) — nurse
zuurkool (de) met worst (de) — sauerkraut with sausage(s)
zwaar — heavy
zwak — weak
zwangerschap (de) — pregnancy
zwart — black